FREMDSPRACHENTEXTE

Entre les murs

Scénario de François Bégaudeau, Laurent Cantet et Robin Campillo

Herausgegeben von
Karl Stoppel

W0321417

Philipp Reclam jun. Stuttgart

Diese Ausgabe darf nur in der Bundesrepublik Deutschland, in Österreich und in der Schweiz vertrieben werden.

RECLAMS UNIVERSAL-BIBLIOTHEK Nr. 19772
Alle Rechte vorbehalten
Copyright für diese Ausgabe
© 2010 Philipp Reclam jun. GmbH & Co. KG, Stuttgart
Copyright für den Text
© 2008 Éditions GALLIMARD / HAUT ET COURT
Copyright für die Abbildungen
© HAUT ET COURT / Pierre MILON et Georgi LAZAREVSKI
Gesamtherstellung: Reclam, Ditzingen. Printed in Germany 2010
RECLAM, UNIVERSAL-BIBLIOTHEK und RECLAMS UNIVERSAL-BIBLIOTHEK sind eingetragene Marken der Philipp Reclam jun. GmbH & Co. KG, Stuttgart
ISBN 978-3-15-019772-1

www.reclam.de

Au départ, il y a la rencontre, plus ou moins fortuite, d'un livre qui raconte le collège au quotidien et du désir antérieur d'un cinéaste de pénétrer l'école, cette boîte noire. Très vite, nous nous entendons pour nous lancer ensemble dans une adaptation cinématographique, et sur le fait que cette adaptation n'en sera pas une, mais plutôt un prolongement de l'expérience proposée par le livre. Recréer le dispositif d'*Entre les murs* version papier par les moyens propres du cinéma, c'est notre horizon. Nous ne voulons pas tant incarner des scènes déjà écrites, qu'en produire d'inédites reposant sur le même esprit: la salle de classe et le collège comme des agoras où s'examinent et se confrontent des pratiques de la langue, des opinions, des comportements. En interprétant son propre rôle, l'auteur-prof impulsera et dirigera d'autres échanges que ceux du livre, davantage liés aux personnalités des adolescents réunis devant les caméras.

1 **fortuit, e:** zufällig. • 3 **antérieur, e:** früher; hier: schon vorher vorhanden. • **pénétrer qc:** etwas durchdringen, in etwas eindringen; hier: in etwas Einsicht gewinnen. • 4 **la boîte noire:** Black Box, undurchschaubarer Apparat. • 5 **se lancer dans qc:** etwas in Angriff nehmen; hier: etwas wagen. • 6 **le fait:** Tatsache. • 7 **le prolongement:** Verlängerung; hier: Fortsetzung. • 8f. **le dispositif:** Anlage, Mechanismus; hier: Konzept. • 11 **incarner:** verkörpern, spielen; hier: mit Leben füllen. • 12 **inédit, e:** unveröffentlicht, ganz neu. • 13 **une agora** (gr.): Agora, Ort der Begegnung. • 15f. **interpréter qc:** hier: etwas verkörpern, darstellen. • 16 **impulser qc:** etwas ankurbeln, anstoßen, anregen. • 17 **davantage:** mehr. • 18 **être lié, e à qc:** mit etwas in Verbindung stehen; sich aus etwas ergeben.

Pour lui donner la réplique et la contradiction, nous constituons une classe au sein d'un atelier hebdomadaire implanté dans un collège parisien. Nous y recherchons des figures proches des protagonistes que nous avons imaginés, eux-mêmes parfois inspirés de certains personnages du livre, sans pour autant vouloir dénicher des copies conformes. Dans le même temps que nous éprouvons notre méthode dans ces ateliers, essayant d'improviser des situations inspirées d'une page du livre ou d'un fragment de la vie d'un collège, nous fabriquons le scénario. L'aller-retour est permanent entre ce que nous écrivons et ce que les improvisations font advenir, les deux s'infléchissant mutuellement.

Vient le tournage, juillet 2007. En sept semaines, nous mettons en boîte la très grande partie des scènes écrites et explorons d'autres situations. Puis, le montage, comme il se doit, débroussaille ce foisonnement d'images, les trois caméras utilisées pendant les prises

1 **la réplique:** Erwiderung, Gegenrede; hier: lebendiger Meinungsaustausch. • 2 **constituer qc:** bilden, zusammenstellen. • **au sein de:** inmitten von, innerhalb von, während. • **un atelier:** hier: Arbeitsgruppe, Arbeitsgemeinschaft. • 4 **la figure:** Persönlichkeit, Gestalt; hier: Darsteller. • 6 **sans pour autant:** ohne deswegen (gleich). • 7 **dénicher qc:** etwas finden, ausfindig machen. • **la copie conforme:** genaues Abbild. • 8 **éprouver qc:** etwas ausprobieren, testen. • 11 **un aller-retour:** Rückfahrkarte; hier: Hin und Her. • 13 **advenir:** geschehen, sich ergeben. • **s'infléchir:** sich gegenseitig lenken, beeinflussen (*infléchir qc:* etwas modifizieren, revidieren). • 15 **le tournage:** Dreharbeiten. • 16 **mettre en boîte** (fam.): hier: drehen, abdrehen. • 17 **explorer qc:** etwas erkunden, erproben. • 18 **débroussailler qc:** das Gestrüpp von etwas entfernen; hier: etwas entwirren, Licht in etwas bringen. • **le foisonnement:** Fülle. • 19 **la prise:** *la prise de vues:* (Film-)Aufnahme.

en classe hissant le nombre d'heures de rushes à cent cinquante.

Le document que nous présentons aujourd'hui se trouve donc à mi-chemin d'un parcours en cinq temps: livre et ateliers avant lui, tournage et montage après. Le parcourant, on pourra juger de ce qu'il a importé ou non du livre. On gagnera surtout à le confronter au produit fini, le film, pour découvrir alors deux choses contradictoires.

D'un côté: des similitudes entre ce qui était écrit et ce qui est réellement survenu devant les caméras. Preuve que le terme parfois un peu condescendant de «documentaire», allègrement utilisé depuis que le film est visible, est très insuffisant pour rendre compte de la grande capacité des élèves-acteurs à incorporer les répliques que nous leur soufflions avant la prise. Il y a bien eu interprétation.

De l'autre côté, beaucoup de scènes ou de répliques ont été modifiées, déplacées, ajustées pendant le tournage, ou simplement supprimées au montage. C'est de

1 **hisser qc:** hier: etwas in die Höhe treiben. • **les rushes** m. (tech.): gedrehte Filmsequenzen in roher, ungeschnittener Form. • 4 **à mi-chemin:** auf halbem Weg. • **le parcours:** hier: Ablauf. • **le temps:** hier: Etappe, Stufe. • 6 **parcourir qc:** etwas durchgehen, durchlaufen. • **importer:** hier: übernehmen. • 7 **qn gagne à faire qc:** es lohnt sich (für jdn.) etwas zu tun. • 11 **survenir:** sich ereignen, ablaufen. • 12 **condescendant, e:** herablassend. • 13 **le documentaire:** Dokumentarfilm. • **allègrement:** munter, fröhlich; hier: locker, leichtfertig (*une allégresse:* Freude). • 15 **incorporer qc:** etwas einbetten. • 16 **souffler qc à qn:** jdm. etwas zuflüstern, einsagen. • 19 **déplacer qc:** etwas umstellen, an anderer Stelle einschieben. • **ajuster qc:** etwas anpassen, verändern. • 20 **supprimer qc:** etwas streichen; hier: etwas wegfallen lassen, herausschneiden.

certains de ces réglages que les notes encadrées s'efforcent de rendre compte, en reconduisant le plus précisément possible la réflexion plus ou moins spontanée qui les a motivés. Puisque le film semble, et c'est bien normal, soulever beaucoup d'interrogations quant à son véritable statut, ces notes font apparaître deux notions qui se tiennent malicieusement au point d'extinction de la problématique fiction/documentaire; deux notions qui sont peut-être jumelles, ou en tout cas devraient l'être, au cinéma autant qu'à l'école: celle de travail et celle de jeu. Sur le tournage, il y a eu du jeu, il y a eu du travail. Nous avons donné du jeu au réel et au texte, en cela a consisté notre travail. Et nous nous sommes bien amusés.

François Bégaudeau, Laurent Cantet,
Robin Campillo

1 **le réglage:** (Kamera-)Einstellung; hier: Anpassung. • **encadrer qc:** etwas einrahmen; hier: etwas in einen Rahmen stellen (außerhalb des fortlaufenden Textes; *un encadré:* [Info-]Kasten). • 1 f. **s'efforcer:** sich bemühen. • 2 **reconduire qc:** etwas fortführen, weiterführen. • 5 **soulever qc:** hier: etwas aufwerfen, hervorrufen, auslösen. • 6 **le statut:** Stellung, Stellenwert. • 7 **la notion:** Begriff. • **malicieux, -euse:** schelmisch, verschmitzt; hier: neckisch, frech. • 8 **une extinction:** (Aus-)Löschen, Aussterben; hier: Zusammenfallen, Verschmelzung. • 9 **jumeau, jumelle:** Zwilling; Zwillings… • 13 **consister en qc:** aus etwas bestehen, etwas ausmachen.

1. Bistrot. Extérieur jour.

Le matin de la rentrée des classes.

Dans un bistrot parisien, accoudé au comptoir, François, trente-cinq ans environ, boit tranquillement un café. On entend vaguement derrière lui une conversation sur les résultats de la présidentielle. François regarde sa montre, semble prendre sa respiration avant d'entrer en scène.

2. Rue. Extérieur jour.

François sort du café. Sur le trottoir d'en face, on découvre un grand bâtiment dont la façade un peu vieillie n'est pas des plus accueillantes. Il se dirige vers la porte d'entrée imposante, ornée d'un blason de la Ville de Paris, en fer forgé, sous lequel on peut lire: «Collège Jaurès».

1 **un extérieur:** hier (cin.): Außenaufnahme. • 2 **la rentrée (des classes):** Schuljahresbeginn. • 3 **être accoudé, e à qc:** mit dem Ellbogen auf etwas aufgestützt sein (*le coude:* Ellbogen). • **le comptoir:** Ladentisch; Theke, Tresen. • 4f. **vaguement:** undeutlich. • 6 **la présidentielle** (fam.): *l'élection* (f.) *présidentielle:* Präsidentschaftswahl. • 7 **prendre sa respiration:** Luft holen; hier: sich sammeln. • 11 **ne pas être des plus accueillant(e)s:** etwa: alles andere als einladend aussehen. • 12 **orner:** zieren, schmücken (*un ornement:* Ornament, Verzierung). • **le blason:** Wappen. • 13 **le fer forgé:** Schmiedeeisen. • 14 **Jaurès:** Jean Jaurès (1859–1914); französischer Politiker, herausragende Gestalt der sozialistischen Bewegung in Frankreich in den Jahren 1880–1914. Er wurde wegen seiner pazifistischen Haltung 1914 ermordet.

Le film s'est tourné avec des profs et des élèves du collège Françoise-Dolto, mais dans les murs du collège Jaurès à cause des travaux qui se déroulaient dans leur établissement au moment du tournage du film à l'été 2007.

Sur le trottoir d'en face, arrivant de l'autre bout de la rue, un petit groupe de profs se hâte vers l'entrée. François les entend plaisanter:

VINCENT. J'avais le vague espoir que tout ait brûlé.
HERVÉ (prof d'EPS). Il est pas trop tard pour poser une bombe, tu me diras.

François les salue au passage.

Premier exemple de dialogue qui n'a pas trouvé sa place dans le film. Drôle dans le livre et reporté pour cette raison dans le scénario, il semblait très fabriqué une fois joué. Après plusieurs prises, nous avons décidé de le remplacer par quelque chose de plus anodin: «C'est un mec

2 **Dolto:** Françoise Dolto (1908–88); Vertreterin der Psychoanalyse in Frankreich, insbesondere der Psychoanalyse bei Kindern. • 3 **les travaux** m.: Bauarbeiten. • 7 **se hâter:** sich beeilen; hier: schnell gehen. • 8 **plaisanter:** scherzen (*la plaisanterie:* Scherz). • 10 **EPS:** *l'éducation* (f.) *physique et sportive:* Sport (als Schulfach). • 14f. **reporter:** übertragen, übernehmen. • 16 **fabriqué, e:** hier: konstruiert, unnatürlich. • 18 **anodin, e:** harmlos, ungefährlich. • **le mec** (fam.): Typ, Kerl.

vachement bien, c'est pas le mec qui va aller te taper dans le dos mais ...» Cette petite phrase, assez cryptée et à peine audible, sonne mille fois plus juste. Par la suite, chaque fois que nous avons ressenti cette impression de «mot d'auteur», nous avons systématiquement modifié les dialogues. D'autant que la tchatche spontanée des adolescents nous fournissait suffisamment de bons mots – même si justement leur naturel les dédouane des lourdeurs propres aux bons mots d'auteur.

S'est ajouté ici un mini-dialogue beaucoup plus naturel et connecté à la situation:

FRANÇOIS. Alors fidèle au poste?
VINCENT. Au taquet.

Avec ces formules-là, quotidiennes et dans le mouvement, il n'y a eu aucun problème de jeu.

1 **vachement bien** (fam.): sehr nett, sympathisch (*vachement*, fam.: sehr). • 2 **taper qn:** jdn. schlagen, stoßen. • 3 **crypté, e:** verschlüsselt, kryptisch; hier: kaum verständlich. • **audible:** hörbar. • **sonner:** klingen. • 4 **juste:** hier: echt, authentisch. • 5f. **le mot d'auteur:** etwa: unecht, allzu literarisch klingender Passus. • 7 **d'autant que:** zumal. • **la tchatche** (fam.): Redefluss, ausuferndes Geschwätz, Gequatsche; hier: (jugendliche) Sprechweise, (Jugend-)Sprache. • 10 **dédouaner qc:** etwas verzollen; hier: etwas rehabilitieren, befreien. • **la lourdeur:** Schwerfälligkeit. • **être propre à qc:** einer Sache eigen sein; mit einer Sache einhergehen. • 14 **fidèle au poste** (m.): pflichtbewusst; hier etwa: immer schön bei der Sache? • 15 **au taquet** (fam.): auf der höchsten Stufe; hier: hochmotiviert (*le taquet:* Keil, Sperre).

3. Couloirs du collège. Intérieur jour.

On retrouve François dans les couloirs déserts du collège. Par la porte d'une classe, il voit quelques agents d'entretien qui, dans une ambiance très calme, nettoient les tables et les alignent méticuleusement, lavent les vitres … Un peu plus loin, un homme en bleu de travail donne une dernière couche de peinture à un tableau d'affichage administratif.

4. Salle de réunion. Intérieur jour.

Réunis autour du principal dans la salle de réunion, les enseignants, anciens ou nouveaux, se présentent succinctement, presque à la manière d'un casting.

VINCENT. Je m'appelle Vincent, prof de techno, c'est la troisième année que j'entame à Dolto, bienvenue aux nouveaux.

ANNE. Je m'appelle Anne, j'étais au collège Jean-Mou-

1 **un intérieur:** hier: Innenaufnahme. • 2 **désert, e:** verlassen, menschenleer. • 3f. **un agent d'entretien:** Mann einer Putzkolonne. • 5 **aligner qc:** etwas in einer Reihe aufstellen. • **méticuleusement:** sehr sorgfältig. • 6f. **le bleu de travail:** Blaumann (Arbeitskleidung). • 8 **le tableau d'affichage** (m.): schwarzes Brett (*afficher qc:* etwas aushängen). • **administratif, -ive:** die Verwaltung betreffend; hier: für die Schulverwaltung. • 9 **la salle de réunion:** Konferenzraum. • 10 **le principal / la principale:** Schulleiter(in). • 11 **un enseignant / une enseignante:** Lehrer(in), Lehrkraft. • 12 **succinctement:** kurz, knapp. • 13 **la techno** (fam.): *la technologie:* Technik (als Schulfach). • 14 **entamer qc:** etwas beginnen, in Angriff nehmen. • 16f. **Moulin:** Jean

lin l'an dernier, j'enseigne l'anglais. Et d'ailleurs je cherche mon collègue d'anglais ici, je ne l'ai pas encore repéré. (*Il se manifeste, rires.*) Ah oui, d'accord, enchantée.

À l'écran, Anne dit venir de Bron, près de Lyon, et le «il» qui «se manifeste» prend l'apparence de deux femmes. Il va sans dire que sur le tournage, ces mini-portraits se sont improvisés en fonction des parcours réels des uns et des autres, et aussi de quelques ajustements (ce qui a donné lieu, avant la prise, à des discussions du genre: «Il y a trop de profs d'anglais, tu veux pas faire prof de SVT?»).

Moulin (1899–1943); einer der führenden Köpfe der Widerstandsbewegung während der deutschen Besetzung Frankreichs, Vertreter de Gaulles in Frankreich, wurde 1943 verhaftet und erlag wenig später den unter der Folter erlittenen Verletzungen. • 3 **repérer qn/qc:** jdn./etwas ausfindig machen, entdecken, sehen. • **se manifester:** sich bemerkbar machen. • 4 **enchanté, e:** freut mich, hocherfreut, angenehm (Begrüßungsfloskel). • 5 **à l'écran:** hier: im Film (*un écran:* Bildschirm, Leinwand; Display). • **Bron:** französische Stadt (ca. 38000 Einwohner) im Département *Rhône*, östlich von Lyon. • 6 **prendre l'apparence de qn/qc:** hier etwa: sich als jd./etwas herausstellen (*une apparence:* Erscheinungsbild; Anblick). • 8 **s'improviser:** hier: aus dem Stegreif entstehen. • 8f. **en fonction de:** je nach, entsprechend, in Abhängigkeit von. • 9 **le parcours:** Durchgang, (Spiel-)Abschnitt; hier (fig.): Lebenslauf, Vita. • 10 **un ajustement:** Änderung, Anpassung. • **donner lieu à qc:** zu etwas führen, den Anlass zu etwas geben. • 13 **SVT:** *les sciences* (f.) *de la vie et de la terre:* Erdkunde (als Schulfach).

FRED. Moi c'est Frédéric. Je suis prof d'histoire-géo. J'étais à Aubervilliers l'an dernier, dans un collège ZEP aussi … Voilà, je suis content d'être dans Paris.

Puis le principal distribue les emplois du temps, soulevant quelques soupirs de satisfaction ou de déception.

2 **Aubervilliers:** Stadt in der *Ile-de-France* (ca. 65 000 Einwohner), im nordöstlichen Vorortgürtel von Paris (Département *Seine-Saint-Denis*). • 3 **ZEP:** *la zone d'éducation prioritaire:* Gebiet (meist im Vorortbereich) mit problematischer Sozialstruktur, in dem besondere Schulbildungsmaßnahmen durchgeführt werden. • 5f. **soulever qc:** hier: etwas verursachen, zu etwas Anlass geben. • 6 **le soupir de satisfaction:** hier: Seufzer der Erleichterung (*la satisfaction:* Zufriedenheit; Befriedigung). • 6f. **la déception:** Enttäuschung (*déçu, e:* enttäuscht).

5. Salle des profs. Intérieur jour.

Dans la salle des profs, parcourant des yeux une liste, Olivier, un nouvel arrivant, écoute les commentaires expéditifs d'une ancienne, Sophie, sur les différents élèves d'une classe de cinquième:

SOPHIE. Gentil, pas gentil, gentil, gentil, pas gentil …

6. Classe. Intérieur jour.

Les enfants entrent bruyamment dans la classe sous le regard de François. Au passage, Souleymane, petit caïd en survêtement blanc impeccable, l'interpelle avec un faux détachement.

SOULEYMANE. Encore vous prof principal.
FRANÇOIS. Ben oui, désolé, mais il va falloir que tu me supportes encore toute une année.
SOULEYMANE. Non, mais j'disais ça comme ça.
FRANÇOIS. Bon, allez, dépêche-toi.

2 **parcourir qc des yeux:** etwas durchsehen, durchgehen. • 4 **expéditif, -ive:** hastig, rasch. • 8 **bruyamment:** geräuschvoll, lärmend. • 10 **le caïd:** Anführer, Wortführer. • **le survêtement:** Trainingsanzug. • **impeccable:** makellos. • **interpeller qn:** jdn. ansprechen, jdm. zurufen. • 11 **le détachement:** Gleichgültigkeit. • 12 **le/la prof(esseur) principal(e):** Klassenlehrer(in).

Il était clair pour nous que les personnages principaux allaient progressivement s'imposer tout au long de la première heure, conçue comme une chronique de la vie de la classe. Or, cette première intervention de Souleymane le définissait dès le début comme l'un des protagonistes importants de l'histoire. Le film fini montre bien qu'il n'y avait pas nécessité de désigner immédiatement les pôles fictionnels. Ils s'imposent presque d'eux-mêmes.

Une fois supprimée cette courte scène, Souleymane apparaît pour la première fois assis au fond de la classe, perdu dans le groupe, et rien ne laisse supposer qu'il va devenir le déclencheur de la fiction. C'est au fil de ses prises de parole qu'il va imposer sa ligne de récit. Dans le présent de la scène. Ce dialogue de scénario renvoyait à un avant (un éventuel contentieux entre l'élève et le prof datant de l'année précédente), alors que le

2 **progressivement:** schrittweise, nach und nach. • **s'imposer:** sich aufdrängen, durchsetzen; hier: deutlich werden. • 2f. **tout au long de:** während. • 3 **concevoir qc:** sich etwas ausdenken, etwas planen, entwickeln, strukturieren (*la conception:* Planung, Entwicklung). • 5 **une intervention:** Eingreifen; hier: Äußerung, Beitrag. • 6 **le/la protagoniste:** Hauptfigur. • 8 **désigner:** festlegen, bestimmen. • 9 **le pôle fictionnel:** etwa: Schwerpunkt der Handlung. • 14 **le déclencheur:** Auslöser. • 14f. **la fiction:** hier: filmisches Geschehen. • 15 **au fil de qc:** im Laufe von etwas. • **la prise de parole:** Wortmeldung, Äußerung. • 16 **la ligne de récit:** Gang der Erzählung. • 17 **renvoyer à qc:** auf etwas verweisen, Bezug nehmen. • 17f. **un avant:** etwas Vorhergehendes. • 18 **le contentieux:** Streit, Konflikt.

film joue autant que possible sur le présent. C'est sans doute pour cela que le jeu n'était pas si satisfaisant pendant les prises de cette scène, finalement non retenue.

Les élèves s'installent dans un chahut général, les filles d'un côté, les garçons de l'autre. On exhibe son nouveau matériel: trousses neuves, cahiers siglés … Souleymane, qui s'est installé au dernier rang, éteint ostensiblement son portable dernière génération qui suscite l'admiration de Boubacar, son voisin.

Visiblement habitué à ce genre d'agitation, François élève la voix.

FRANÇOIS. Que ce soit clair dès le début de l'année: je veux que quand ça sonne on se range immédiatement. Cinq minutes à rejoindre le rang, plus cinq minutes à monter, plus cinq autres d'installation, en tout on perd un quart d'heure de boulot. Essayez un peu de calculer ce que ça fait, un quart d'heure

1 **jouer sur qc:** auf etwas setzen, sich auf etwas stützen. • 5 **le chahut:** Krach, großer Lärm (*chahuter:* umtreiben, Spektakel veranstalten, herumtoben). • 6 **exhiber qc:** etwas vorzeigen, zur Schau tragen. • 7 **la trousse:** Mäppchen. • **siglé, e:** mit einem Hersteller-Markenzeichen versehen, Marken… • 8 **le rang:** hier: Tisch-, Bankreihe. • 9 **ostensiblement:** offensichtlich, deutlich sichtbar, ostentativ. • **le portable:** Handy. • 10 **susciter qc:** etwas verursachen, erregen. • 11 **une agitation:** Unruhe, Durcheinander, aufgeregtes Treiben. • 14 **se ranger:** sich aufstellen (vor dem Schulgebäude). • 15 **rejoindre qn/qc:** sich zu jdm./etwas gesellen; hier: jdn./etwas finden. • **le rang:** Reihe, Gruppe. • 17 **le boulot** (fam.): Arbeit; hier: Arbeitszeit.

de perdu par cours sur toute l'année. À raison de vingt-cinq heures par semaine et trente-trois semaines, ça fait plus de trois mille minutes perdues. Y'a des collèges, sur une heure, ils bossent une heure. Ces collèges-là, vous partez avec trois mille minutes de retard sur eux. Et après on s'étonne.

Khoumba, longue chevelure sculptée à la Diana Ross, prend la parole sans avoir levé la main:

KHOUMBA. M'sieur y'a jamais une heure, tous les cours ils font, j'sais pas moi, cinquante minutes, jamais une heure. Par'emple ici on commence à 8 h 25 et le premier cours il finit à 9 h 20, ça fait pas une heure.
FRANÇOIS. Ça fait cinquante-cinq minutes.
KHOUMBA. C'est pas une heure, vous avez dit c'est une heure mais c'est pas une heure.
FRANÇOIS. Oui enfin bon, l'important c'est qu'on perd trop de temps, et là encore on est en train d'en perdre. Prenez une feuille et séparez-la en deux. Vous vous faites des étiquettes avec votre nom et vous les posez sur le coin de votre table. Et Boubacar tu enlèves ta capuche en classe!

Alors que Boubacar s'exécute mollement, Wei, au premier rang, traduit en chinois à son voisin et lui montre comment faire son étiquette. Quelques rangs

1 **à raison de qc:** bei, bezogen auf etwas. • 4 **sur une heure:** pro Stunde. • **bosser** (fam.): arbeiten, schuften. • 7 **la chevelure:** Haare, Haarpracht, Mähne. • 19 **une étiquette:** hier: Namensschild. • 21 **la capuche:** Kapuze. • 22 **s'exécuter:** einer Anordnung nachkommen. • **mollement:** langsam, gemütlich, lässig (*mou/mol, molle:* weich).

derrière eux, Sandra, copine et voisine de Khoumba, intervient:

SANDRA. Ah, parce que vous vous rappelez plus c'est quoi notre nom?

Dans le film, Esméralda ne voulait pas porter son vrai prénom qu'elle dit ne pas aimer. Respectant ce choix, nous avions conservé dans le scénario le prénom d'un des personnages du livre, Sandra. Le premier jour de tournage, certains qu'au cours des prises où nous jouerions sur la capacité du naturel à revenir au galop ses camarades n'allaient pas manquer de l'appeler Esméralda, nous avons réussi à la convaincre.

De la vie au livre et d'un support à l'autre, cela donne un parcours rigolo: une Sabrina bien réelle devient dans le livre une Sandra (pour garder l'ambivalence franco-arabe du prénom originel), dont l'énergie constitutive sera véhiculée dans le film par Esméralda (et par miracle, ou peut-être pas, ce prénom maintient l'ambivalence).

2 **intervenir:** eingreifen; hier: sich zu Wort melden. • 10 **la capacité du naturel:** etwa: Fähigkeit, sich natürlich zu geben. • 11 **revenir au galop:** zurückrennen. • 11 f. **ne pas manquer de faire qc:** nicht versäumen etwas zu tun; hier: sicherlich etwas tun. • 14 **le support:** Stütze; Träger; hier: Medium (Buch, Film). • 15 **rigolo** (fam.): lustig. • 17 **une ambivalence:** Doppel-, Mehrdeutigkeit. • 18 **constitutif, -ive:** eigentlich, wesentlich. • **véhiculer qc:** etwas transportieren; hier (fig.): etwas verkörpern, vermitteln. • 20 **maintenir qc:** etwas aufrechterhalten, beibehalten.

FRANÇOIS. Sandra, je ne sais pas si tu as remarqué mais il y a des nouveaux cette année. Ça pourrait les intéresser de connaître ton nom.

Une élève blanche, qui a l'air d'un niveau social plus élevé, chambre gentiment Sandra.

LOUISE. Monsieur, tout le monde connaît Sandra au collège!

SANDRA (*prenant la classe à partie*). Si y'en a un qui me connaît pas, Sandra, c'est moi.

LOUISE. T'inquiète pas, ils vont apprendre à te connaître.

SANDRA. T'as raison …

FRANÇOIS. Bon, tu as fini ton petit numéro?

SANDRA. Et vous, si ça se trouve, ils connaissent pas non plus le vôtre de nom.

FRANÇOIS. Là, t'as pas tort.

Il se lève et écrit lisiblement son nom au tableau. En se retournant, son regard est attiré par un élève au fond de la classe, portant un sweat-shirt sur lequel est inscrit «94».

FRANÇOIS. Et toi là-bas, qu'est-ce que tu attends pour faire ton étiquette?

NASSIM. Si, j'vais le faire.

FRANÇOIS. Et en attendant, comment je t'appelle? 94?

NASSIM. Ça c'est pas mon prénom m'sieur. Mon prénom c'est Nassim.

5 **chambrer qn** (fam.): jdn. ‚aufziehen', sich über jdn. lustig machen. • 8 **prendre qn à partie:** jdn. heftig zurechtweisen, verbal angreifen, tadeln. • 13 **si ça se trouve:** womöglich, vielleicht.

FRANÇOIS. Ah bon, parce que moi j'me suis dit, il a pas mis son nom en coin de table parce que c'est déjà écrit sur son polo.

NASSIM. Rien à voir m'sieur.

FRANÇOIS. C'est quoi, alors, 94?

NASSIM. J'sais pas moi, c'est un chiffre.

FRANÇOIS. Tu veux dire un nombre.

NASSIM. Oui c'est ça, un chiffre.

Un élève au premier rang lève le doigt. François jette un regard sur l'étiquette:

FRANÇOIS. Oui, Damien?

DAMIEN. M'sieur vous faites beaucoup de dictées comme prof?

FRANÇOIS. Qu'est-ce que tu m'conseilles? D'en faire beaucoup ou pas beaucoup?

DAMIEN. J'sais pas moi, c'est vous le prof.

FRANÇOIS. Dans ce cas, j'y réfléchirai.

7. Salle des profs. Intérieur jour.

Dans la salle des profs, François boit un café en regardant distraitement des fiches d'élèves qu'il a fait rédiger. L'ambiance est paisible, on entend juste

4 **rien à voir** (fam.): *ça n'a rien à voir:* das hat nichts zu sagen, nichts damit zu tun. • 6 **le chiffre:** Ziffer (auch: Zahl). • 7 **le nombre:** (An-)Zahl. • 20 **distraitement:** zerstreut, gedankenverloren. • **la fiche d'élève** (m., f.): Infoblatt, das der Schüler selbst verfasst, um sich vorzustellen (*la fiche:* Formular, Blatt). • 21 **rédiger qc:** etwas verfassen, schreiben. • **paisible:** friedlich, ruhig (*la paix:* Frieden).

hors champ une conversation banale entre deux enseignants:

– Trois heures le vendredi après-m', merci.
– Moi pareil le jeudi.
– Oui mais le jeudi c'est quand même mieux.
– Oui mais commencer à 8 h le lundi, faut y aller.
– Oui mais au moins les gamins, ils dorment, c'est plus calme.

Sophie propose au passage un biscuit à Rachel et François, assis non loin. Ce dernier accepte, remercie d'un simple regard et se replonge dans ses fiches.

La sonnerie retentit. Personne ne semble réagir.

Au bout d'un moment, les deux autres profs qu'on entend discuter depuis le début finissent par s'interrompre:

– Ça a sonné?
– Depuis une minute.
– Oh! là, là! Merde.

Du livre au scénario, puis du scénario au film, la proportion de scènes de salle des profs a constam-

1 **hors champ** (m.): aus dem Off (für die Kamera unsichtbar). • 3 **un après-m'** (fam.): *un après-midi.* • 4 **moi pareil** (fam.): *pour moi c'est pareil:* ich auch, bei mir ist es genauso. • 6 **faut y aller** (fam.): *il faut y aller:* etwa: das ist eine Zumutung! • 11 **se replonger dans qc:** sich wieder mit etwas befassen (*replonger:* wieder eintauchen). • 12 **la sonnerie:** hier: Schulglocke. • **retentir:** ertönen; hier: läuten. • 14 f. **s'interrompre:** innehalten. • 20 **la proportion:** Anteil, Anzahl.

ment diminué. Preuve rétrospective du caractère très fabriqué, très littéraire, de ces scènes dans le livre. Écrites comme des intermèdes musico-absurdes, toutes en refrains, gimmicks, répétitions, litanies, elles sont autant de constructions quasi abstraites et incompatibles avec le jeu globalement naturaliste que nous avons adopté sur le tournage.

8. Classe. Intérieur jour.

Sur le tableau, François écrit les mots que les élèves n'ont pas compris dans le texte qu'ils sont en train d'étudier. Au premier rang, un élève lève la main.

FRANÇOIS. Oui, Burak.
BURAK. «Condescendance».
FRANÇOIS. OK, «condescendance». C'est vrai que c'est pas un mot courant.
BURAK. En fait, je pense savoir ce que ça veut dire mais je suis pas sûr …
FRANÇOIS. Eh bien on verra tout à l'heure …

1 **rétrospectif, -ive:** im Rückblick, nachträglich. • 3 **un intermède:** Intermezzo, Zwischenspiel, Einschub. • 4 **le gimmick** (angl.): Gimmick, Gag, Spielerei. • 5 **la litanie:** Litanei, langweilige Aufzählung; hier: immer wiederkehrende Sache. • **autant de:** nichts anderes als, lauter. • 6 **incompatible:** unvereinbar. • 7 **adopter qc:** etwas annehmen, sich etwas zu eigen machen; hier: sich für etwas entscheiden. • 14 **la condescendance:** Herablassung, herablassende Haltung. • 16 **courant, e:** geläufig, häufig vorkommend.

François reporte le mot sur le tableau, en dessous d'autres mots plus ou moins compliqués. Il se retourne vers la classe:

FRANÇOIS. Allez, je suis sûr qu'il y a d'autres mots que vous ne comprenez pas dans ce texte … N'ayez pas honte de le dire …

Une élève un peu effacée lève le doigt.

FRANÇOIS. Oui, Henriette.
HENRIETTE. «Désormais».
FRANÇOIS. «Désormais», oui, très bien.

À partir du moment où, sans craindre de trahir Henriette qui se trouve être dans la vie une plutôt bonne élève, nous décidons de l'ériger en personnage, celui qui ne comprend rien et finira par le dire dans la dernière scène dialoguée; il nous est apparu déplacé qu'elle participe à ce passage en revue des mots difficiles. Telle que scénarisée, Henriette fait partie de ces élèves faibles qui n'auraient même pas l'idée de rendre compte de leur non-savoir, par honte ou par incompréhension de la technique d'un cours. Donc à l'écran, ce sera Samantha qui soufflera à Henriette le mot non

7 **effacé, e** (fig.): zurückhaltend, unauffällig, bescheiden. • 9 **désormais:** von nun an, nunmehr. • 11 **trahir qn:** jdn. verraten; hier: jdn. falsch darstellen. • 13 **ériger qn en qc:** jdn. zu etwas machen, erheben. • 17 **telle que scénarisée:** so wie sie dargestellt wird. • 22 **souffler qc à qn:** jdm. etwas einsagen, vorsagen.

compris. «Je te souffle ce que tu ne sais pas»: vertigineuse double peine, qui en dit long sur l'effet «sable mouvant» de l'échec scolaire.

D'autres élèves proposent des mots que François ajoute au tableau.

FRANÇOIS. C'est tout? Bon, alors, on va commencer par le premier mot. C'est Wei je crois qui l'a proposé: «Autrichienne».

Sandra, au fond de la classe ricane:

SANDRA. Oh ça va! Y'a que lui qui sait pas ça.
FRANÇOIS. Eh, Sandra, tu la ramènes pas trop. Quand on ne sait pas ce que signifie «trompeur», on ne donne pas de leçon aux autres. Bon Wei, tu sais ce que c'est l'Autriche?
WEI. L'Autriche, non, je sais pas.
FRANÇOIS. En fait, c'est un pays, un tout petit pays. Bon ben franchement, c'est pas la peine de s'esquinter le cerveau là-dessus, parce qu'en gros c'est un pays qui n'a aucune importance dans le monde, et pas même en Europe. Est-ce que quelqu'un connaît un Autrichien célèbre?

1f. **vertigineux, -euse:** schwindelerregend, rasant; hier: sehr schlimm. • 3 **le sable mouvant:** Treibsand. • 9 **ricaner:** hämisch lachen, feixen. • 11 **la ramener** (fam.): sich aufspielen. • 17f. **s'esquinter le cerveau** (fam.): hier etwa: sich das Gehirn zermartern (*esquinter qc*, fam.: etwas zerstören, ruinieren).

Évidemment, aucun doigt ne se lève.

C'était sans compter sur le sens de l'à-propos de Boubacar, qui, pris au jeu de l'improvisation, a bel et bien levé le doigt:

BOUBACAR. Mozart, euh ... Ouais Wolfang Amadeus Mozart.

FRANÇOIS. Comment tu l'appelles?

BOUBACAR. Wolfang Amadeus Mozart.

FRANÇOIS. On pourrait l'appeler «Wolfang» éventuellement s'il était d'origine anglaise, oui. Mozart un Autrichien oui, mais sinon, est-ce qu'il y a d'autres Autrichiens célèbres?

Cette fois, personne n'a levé le doigt et la scène a continué comme prévu. Mais «Wolfang» nous a assez amusés pour que nous ayons envie de le conserver.

FRANÇOIS. Voilà, j'vous le disais. Si une bombe rayait l'Autriche de la carte, personne s'en rendrait compte.

La mauvaise foi de François provoque quelques sourires complices dans la classe. Wei est tout content d'avoir compris le second degré de son prof.

2 **le sens de l'à-propos** (m.): Geistesgegenwart. • 3f. **bel et bien:** tatsächlich. • 17 **rayer qc:** etwas ausstreichen, durchstreichen, ausradieren. • 20 **la mauvaise foi:** Scheinheiligkeit, Unaufrichtigkeit. • 20f. **le sourire complice:** mitwissendes, komplizenhaftes Lächeln. • 22 **le second degré:** etwa: Hintersinn, Hintergedanken.

FRANÇOIS. Bon, plus sérieusement, c'est un pays, pas grand c'est vrai, qui se trouve juste en dessous de l'Allemagne. Tu regarderas une carte?

Wei acquiesce. Remarquant que Souleymane n'a pas de cahier devant lui, François l'interpelle:

FRANÇOIS. Toi, Souleymane, tu connais le sens de tous ces mots? C'est pour ça que tu n'écris rien, c'est ça?
SOULEYMANE. J'ai oublié mes affaires.
FRANÇOIS. Eh bien quelqu'un va te donner une feuille.
SOULEYMANE. Non, je recopierai ce soir.
FRANÇOIS. Ah, je suis rassuré, alors.

Souleymane, persuadé d'avoir eu le dernier mot, semble assez content de lui. François se retourne vers la liste de mots au tableau.

FRANÇOIS. Alors on continue … «Succulent». Est-ce que quelqu'un connaît ce mot?

Quelques doigts se lèvent.

FRANÇOIS. Non, ceux qui savent ne disent rien pour le moment, je ne veux pas que ce soient toujours les mêmes qui répondent.

Silence total.

4 **acquiescer:** zustimmen, beipflichten, nicken. • 15 **succulent, e:** köstlich.

FRANÇOIS. Bon, je vous écris un exemple et vous essayez de deviner le sens.

De part et d'autre du mot, il écrit une phrase au tableau: «Bill déguste un succulent cheeseburger.» Une voix réagit dans son dos:

CHERIF. Ah moi, j'aime pas le cheese, ça pue.
FRANÇOIS. Donc, tu trouves que le cheeseburger n'est pas succulent.

Et il souligne le mot «succulent» au tableau.

CHERIF. Ah ben ça, je sais pas.
FRANÇOIS. Ben justement, essaie de déduire. Là, je

2 **deviner qc:** etwas erraten. • 4 **déguster qc:** etwas kosten, genießen. • 6 **puer:** stinken. • 11 **déduire qc:** etwas ableiten, sich etwas erschließen.

viens de dire quelque chose qui devrait vous mettre la puce à l'oreille.

SAMANTHA. Ça veut dire quoi, m'sieur?

FRANÇOIS. Ça veut dire quoi quoi?

SAMANTHA. La puce j'sais pas quoi.

FRANÇOIS. La puce à l'oreille, c'est ce qui vous permet de trouver.

Ceux qui savent s'impatientent de plus en plus.

ARTHUR. M'sieur, m'sieur.

FRANÇOIS. Oui, Arthur, vas-y.

ARTHUR. Ça veut dire bon, très bon.

FRANÇOIS. Oui, c'est ça, ça vient de suc. Le suc, c'est le jus … On peut dire, une viande ou un fruit succulent par exemple, qui a beaucoup de jus … En fait, ça veut juste dire délicieux, savoureux, exquis …

Certains élèves reprennent le mot «exquis» en se moquant de son côté précieux.

ANGELICA. Ça veut dire quoi «exquis»?

FRANÇOIS. C'est exactement ce que je viens d'expliquer: ça veut dire qui a très bon goût.

Khoumba, plus vive que jamais, explose:

1 f. **mettre la puce à l'oreille** (f.) **de qn:** jdn. hellhörig machen, auf etwas bringen (*la puce:* Floh). • 8 **s'impatienter:** ungeduldig werden. • 10 **vas-y:** auf geht's! • 12 **le suc:** Saft. • 15 **savoureux, -euse:** köstlich. • 16 **exquis, e:** exquisit, köstlich, erlesen. • 17 **précieux, -euse:** geziert, affektiert. • 21 **vif, vive:** lebhaft, lebendig.

KHOUMBA. Monsieur, pourquoi c'est toujours Bill ou des trucs comme ça?

FRANÇOIS. On lève le doigt quand on veut intervenir.

Elle le fait.

FRANÇOIS. Oui Khoumba.

KHOUMBA. Pourquoi c'est toujours Bill ou des trucs comme ça? Pourquoi c'est jamais, j'sais pas moi, Rachid ou quoi que ce soit?

François semble un peu vexé, comme s'il avait justement cherché à éviter ce genre de débat.

FRANÇOIS. Si je commence à vouloir représenter toutes les nationalités au niveau des prénoms, j'vais pas m'en sortir. Mais bon, on va mettre Rachid, pour faire plaisir à Khoumba.

Cela ne plaisait pas à Rachel-Khoumba de proposer Rachid. Nous lui laissons donc, ainsi qu'à Esméralda-Sandra, le choix du prénom substitutif. Ce sera Aissata. Où l'on voit que les deux filles prenaient très à cœur cette scène, qu'elles étaient

2 **le truc** (fam.): Trick, Kniff; Sache, Ding; hier: Dingsda (Ersatzwort für korrekte Bezeichnung). • 9 **vexé, e:** beleidigt, gekränkt, betroffen (*se vexer:* beleidigt sein). • 10 **éviter qc:** etwas vermeiden; einer Sache ausweichen. • 11 **représenter qc:** etwas darstellen; etwas vertreten. • 13 **s'en sortir:** mit etwas fertig werden, eine Lösung finden. • 17 **substitutif, -ive:** ersatzweise, Ersatz… (*substituer:* ersetzen; vertauschen).

parfaitement d'accord avec cette revendication. C'est tout l'intérêt de travailler avec des acteurs susceptibles d'avoir vécu eux-mêmes les scènes qu'ils sont amenés à incarner. Cela facilite le jeu. On y met plus de conviction sans pour autant forcer le trait.

Alors qu'il change le nom au tableau, une voix non identifiée marmonne au fond de la classe:

BOUBACAR. C'est nul comme prénom Rachid.

Mais la phrase reste telle quelle au tableau: «Rachid déguste un succulent cheeseburger.»

9. Salle des profs. Intérieur jour.

François découvre au fond de son casier une mandarine qui semble être là depuis longtemps. Après avoir senti ses doigts, il décide de la laisser là où il l'a trouvée. Derrière lui, Vincent laisse tomber une aspirine

1 **la revendication:** Forderung, Verlangen. • 3 **être susceptible de faire qc:** in der Lage, imstande sein etwas zu tun. • 4 **être amené(e) à faire qc:** dazu veranlasst sein etwas zu tun; hier: etwas tun sollen. • 5 **la conviction:** Überzeugung. • 5f. **forcer le trait** (fig.): dick auftragen (*le trait:* Strich). • 8 **marmonner:** murmeln. • 9 **c'est nul** (fam.): das ist doch Quatsch, das taugt doch nichts (*être nul, nulle*, fam.: eine Niete sein). • 10 **tel quel, telle quelle:** unverändert. • 13 **le casier:** (Schließ-) Fach.

effervescente dans un verre d'eau. Aux prises avec la photocopieuse, Sophie lance sans même sans s'en rendre compte:

SOPHIE. T'as l'air fatigué.
VINCENT. Ouais …

Vincent a répondu sur un ton un peu agacé, Sophie l'a remarqué:

SOPHIE. J'ai dit un truc qu'il ne fallait pas dire?
VINCENT. Non, non … c'est juste que ça m'énerve un peu … Je veux dire quand quelqu'un te fait ce genre de remarque le matin: t'as l'air fatigué, t'as pas l'air dans ton assiette … Soit le mec à qui tu dis ça, il est réellement fatigué et donc – merci! –, il le sait. Soit il ne l'est pas, et là tu le déprimes pour la journée …

La petite démonstration de Vincent a provoqué la perplexité des autres profs. Sophie met un temps à réagir.

SOPHIE. J'y avais pas pensé … Je suis désolée …

Elle regarde autour d'elle, espérant que les conversations allaient reprendre ici et là, mais le silence s'est durablement installé dans la pièce. On peut toujours

1 **effervescent, e:** sprudelnd; … als Brausetablette. • **être aux prises** (f.) **avec qc:** mit etwas ringen, sich mit etwas herumschlagen. • 6 **agacé, e:** gereizt, genervt. • 11 f. **ne pas être dans son assiette** (f., fig.): schlecht drauf sein, schlecht beieinander sein. • 12 f. **soit … soit …:** entweder … oder … • 15 f. **la perplexité:** Ratlosigkeit, Verlegenheit. • 20 **durablement:** dauerhaft.

entendre la pastille se dissoudre à l'infini dans le verre d'eau. Fred vient s'asseoir à côté de François, un café à la main.

FRED. C'est bien toi le prof de français des quatrième 3?

FRANÇOIS (*relevant les yeux de son travail*). Oui. Et prof principal aussi.

FRED. Tu sais déjà ce que tu vas faire lire comme livre, là?

FRANÇOIS. Non, il faut que je réfléchisse.

FRED. Parce que moi en histoire, je commence par l'Ancien Régime, enfin voilà, si jamais tu veux créer des échos entre les deux cours. Y'aurait quoi, par exemple, comme livre qui pourrait aller avec ça?

FRANÇOIS. Ben t'as les Lumières, forcément, mais c'est un peu dur en quatrième.

FRED. Voltaire, c'est dur?

FRANÇOIS. Disons que c'est pas évident.

1 **se dissoudre:** sich auflösen. • **à l'infini** (m.): endlos. • 12 **l'Ancien Régime:** das Ancien Régime; ursprünglich abschätzige Bezeichnung für die absolutistische Phase der französischen Monarchie im 17./18. Jahrhundert. • **si jamais …:** für den Fall dass … • 13 **créer des échos:** hier: fachübergreifende Bezüge herstellen (*un écho:* Echo, Widerhall). • 16 **les Lumières** (auch: *le Siècle des lumières*): das 18. Jahrhundert (das Jahrhundert der Aufklärung). • **forcément:** klar; zwangsläufig. • 18 **Voltaire:** eigtl.: François-Marie Arouet (1694–1778; »Voltaire« ist ein Anagramm von »**Arouet l**e **j**eune«); einer der einflussreichsten französischen Schriftsteller und Philosophen der Aufklärung, Vorkämpfer für Gerechtigkeit und Toleranz, Wegbereiter der Französischen Revolution. • 19 **c'est pas évident** (fam.): das ist nicht einfach (*évident, e:* klar, offensichtlich).

Derrière eux, Olivier avale d'un trait son aspirine. Sophie lui tend le paquet de gâteaux.

SOPHIE. Gâteau sec avec?

Cette récurrence de petits gâteaux proposés par Sophie devait fonctionner comme un gag à répétition. Nous n'y avons peut-être jamais assez cru pour le mettre en scène et le jouer réellement. Là encore, il y avait une impression très «fabriquée» qui n'a jamais trouvé sa place dans le montage. Ce genre de *running gag* fonctionne à l'écrit, support qui se prête très bien à l'exploration des mécaniques verbales. Alors qu'au cinéma le corps résiste immédiatement à sa mécanisation. Plus généralement, le livre reposait beaucoup sur la répétition, à la fois comme marque de réalisme (le quotidien se répète, *a fortiori* sur un lieu de travail) et comme gag (la capuche de Souleymane, par exemple, ou Tarek demandant toute l'année si on fera des dictées cette année). Pour des raisons de durée (la lecture du livre est plus longue que

1 **avaler:** (schnell) hinunterschlucken, verschlingen. • **d'un trait:** ohne abzusetzen, in einem Zug. • 3 **le gâteau sec:** Keks. • 4 **la récurrence:** Wiederkehr, wiederholtes Auftauchen. • 5f. **le gag à répétition** (f.): Running Gag. • 11 **se prêter à qc:** sich zu etwas eignen. • **une exploration:** Erforschung, Erkundung; hier etwa: Spiel mit. • 12f. **résister à qc:** einer Sache widerstehen; hier: sich gegen etwas sträuben. • 13 **la mécanisation:** hier: mechanischer, automatischer Ablauf. • 16 **a fortiori** (lat.; adv.): insbesondere, umso mehr, erst recht.

les 2h08 du film) autant que de jeu, le film déserte ce terrain.

10. Classe. Intérieur jour.

François a les yeux cernés et la mine des mauvais jours.

Préparant cette scène le matin, au café qui était notre QG, nous avons spontanément zappé cette mention. Nous n'étions jamais dans cette logique, dans cette «psycho-logique». Sauf dans la dernière partie, plus fictionnelle, plus dramatique: François Marin ne se définit pas par des états, mais par son attitude dans les diverses situations. Dans le livre comme dans le film, nous ne saurons rien de sa vie hors les murs, rien de ses constantes de caractère.

1f. **déserter qc:** etwas verlassen; hier: keinen Gebrauch von etwas machen. • 4 **avoir les yeux cernés:** Ringe unter den Augen haben (*les cernes* m.: Ringe unter den Augen). • 7 **QG:** *le quartier général:* Hauptquartier, Zentrale; Treffpunkt. • **zapper qc** (fam.): etwas überspringen; hier: etwas weglassen, streichen. • 10 **fictionnel, le:** fiktional, erzählend (hier als Gegensatz zum überwiegend dokumentarischen Charakter der Sequenzen). • 11 **se définir par:** definiert sein durch; hier: charakterisiert werden durch. • **un état:** Zustand; hier: Stimmung, Stimmungslage. • 14 **hors les murs** (m.): außerhalb einer Stadt, eines Gebäudes; hier: außerhalb der Schule. • **la constante de caractère:** fester Charakterzug, unabänderliches Charaktermerkmal.

Il ne sera qu'une somme de scènes. Donc pas de gros travail de maquillage ce jour-là. Encore moins de zoom sur ses cernes.

Derrière lui, sur le tableau, un verbe est conjugué à l'imparfait. Les terminaisons ont été soulignées. Toute la classe, silencieuse, planche sur un exercice. François semble ailleurs. Son regard fatigué balaye la classe. Dalla, par de grands gestes, demande l'heure à Rabah dans le rang opposé, et celui-ci commence à lui répondre par des gestes tout aussi exagérés. François semble se réveiller et intervient sèchement:

FRANÇOIS. Dalla, si tu veux savoir l'heure, demande-moi.

Dalla, surprise elle-même par son audace, embraye:

DALLA. Quelle heure il est s'il vous plaît?

Justine, la voisine de Dalla, rigole.

FRANÇOIS. Ça t'fait rire l'insolence de ta copine, Justine?
JUSTINE. C'est pas elle qui m'fait rire, m'sieur.

2 **le maquillage:** Maske, Make-up, Schminke. • 6 **plancher sur qc** (arg.): an etwas arbeiten, sich mit etwas beschäftigen, über etwas brüten. • 7 **balayer qc:** etwas fegen, kehren; hier: über etwas schweifen, schwenken. • 9 **opposé, e:** entgegengesetzt; hier: auf der anderen Seite, gegenüberliegend. • 11 **sèchement:** schroff, in hartem Ton. • 13 **une audace:** Mut, Wagemut. • **embrayer sur qc:** auf etwas zu sprechen kommen; hier: an eine Äußerung anknüpfen. • 16 **une insolence:** Frechheit, Respektlosigkeit (*insolent, e:* respektlos, frech, unverschämt).

D'une œillade involontaire, elle désigne Nassim dont l'encre du stylo a coulé sur son blouson. François, découvrant la scène, lève les yeux au ciel d'exaspération.

FRANÇOIS. Évidemment …
NASSIM. M'sieur, j'peux demander un mouchoir?
FRANÇOIS. Qui a un mouchoir pour Nassim?

Wei sort un Kleenex de sa poche et Cherif se lève instantanément pour aller le porter à Nassim.

FRANÇOIS. On demande, avant de se lever, Cherif.

Il se rassied.

CHERIF. J'peux m'lever, m'sieur?
FRANÇOIS. Ben oui, maintenant.

En passant, Cherif trébuche sur le sac de son voisin et se rattrape à l'épaule de Juliette sur laquelle il s'écroule exagérément. Celle-ci le repousse violemment.

JULIETTE. Mais ça va pas …
BOUBACAR. Oh le vicieux, comment il en profite.

1 **une œillade:** (verstohlener) Blick, Augenzwinkern. • **involontaire:** unfreiwillig, unbeabsichtigt, unwillkürlich, unwillentlich. • 2 **couler:** hier: spritzen. • 3 **une exaspération:** Verzweiflung. • 7 f. **instantanément:** sofort, augenblicklich. • 10 **se rasseoir:** sich wieder hinsetzen. • 13 **trébucher:** stolpern. • 14 **se rattraper:** sich abstützen, sich festhalten. • 15 **s'écrouler:** zusammenbrechen; hier: fallen, stürzen. • 18 **le vicieux / la vicieuse:** Perverse(r), Perversling. • **en profiter:** hier: die Lage ausnutzen.

Seule Sandra n'éclate pas de rire. Elle semble tracassée par quelque chose. Tout en réfléchissant, elle finit par poser sa question:

SANDRA. M'sieur, pourquoi est-ce qu'on dit «imparfait de l'indicatif»? Pourquoi on dit «de l'indicatif»?

François semble content que Sandra se montre si motivée. Il s'adresse à elle avec une certaine douceur:

FRANÇOIS. J'te retourne la question. Pourquoi?
SANDRA. Mais si je connaissais la réponse, j'vous demanderais pas …

> Spontanément, Esméralda-Sandra fera précéder sa réplique d'un «putain, c'est abuser», ce qui montre le plaisir de jouer, le plaisir de vendre la situation et le dialogue, l'investissement dans ce qui est dit. Du reste, on frôle ici l'excès de zèle, on est à la limite de ce surrégime à quoi semblent condamnés les jeunes acteurs à qui on demande

1 **éclater de rire:** in Gelächter ausbrechen. • 1 f. **tracasser qn:** jdm. Kummer machen, jdn. belasten (*le tracas*, sing. [!]: Sorgen). • 7 **la douceur:** Milde, Freundlichkeit. • 11 f. **faire précéder qc de qc:** etwas vor einer Sache sagen, einleitend etwas sagen. • 12 **putain** (interj.; vulg.): verdammt, verflucht (*la putain*, vulg.: Nutte, Hure). • **abuser de qc:** etwas missbrauchen, übertreiben; hier: seine Autorität missbrauchen. • 13 **vendre qc:** hier etwa: etwas verdrehen, mit etwas spielen. • 14 **un investissement:** hier: Nachdruck, Engagement. • 15 **frôler qc:** etwas streifen; hier: nahe an etwas dran sein. • **un excès de zèle** (m.): Übereifer, Übertreibung. • 16 **le surrégime:** Überlastung, Überdrehen (eines Motors); hier: Übereifer, Übertreibung.

d'incarner ce qu'on appelle le «parler banlieue» (avec cette précision qu'Esméralda, née dans le 19ᵉ arrondissement, n'a jamais habité en banlieue, comme la plupart des élèves-acteurs, et comme la plupart des personnages du livre).

Elle lève les yeux au ciel.

FRANÇOIS. Les autres, vous avez entendu? Pourquoi «de l'indicatif»? Oui Nassim, on t'écoute.
NASSIM. M'sieur, ça fuit, j'peux aller au lavabo?
FRANÇOIS. Va au lavabo, qu'on en finisse. Alors, les autres?
Pourquoi «de l'indicatif»?

Silence de mort.

FRANÇOIS. Eh bien, si on précise «de l'indicatif», c'est pour pas confondre avec un autre imparfait, et c'est quoi cet autre imparfait?

Agam prend la parole très calmement:

AGAM. Imparfait du subjonctif.

François a un sourire d'encouragement.

1 **le parler banlieue:** Jugendsprache der Pariser Vororte (vgl. dazu im Nachwort S. 242 ff.). • 3 **le 19ᵉ arrondissement:** Verwaltungsbezirk im Nordosten von Paris. • 9 **fuir:** fliehen; hier: ausströmen, auslaufen, undicht sein. • 10 **en finir avec qc:** etwas zu Ende bringen, mit etwas Schluss machen. • 15 **confondre qc:** etwas verwechseln.

FRANÇOIS. Bien. Et c'est quoi l'imparfait du subjonctif?

Comme s'il savait que l'attente était vaine, François décide d'expliquer tout de suite. Tout en écrivant les exemples au tableau, il en présente la règle:

FRANÇOIS. Il faut que j'aille, puis il fallait que j'allasse …

Finalement, l'exemple choisi par le prof n'est pas celui-là. Rachel-Khoumba nous ayant lancés sur le verbe «être» en ânonnant un vague «fusse», il restait à composer une phrase le mentionnant: «Il faut que je sois, il fallait que je fusse.» Restait aussi à donner du sens à la phrase, comme fait tout bon pédagogue: «Il faut que je sois en forme, il fallait que je fusse en forme.» C'était l'occasion de faire un clin d'œil à une phrase-refrain du livre («J'avais mal dormi») censée pointer la vertu cardinale d'un prof (la condition physique!).

3 **vain, e:** vergeblich, wirkungslos, sinnlos, umsonst. • 8 **lancer qn sur qc:** jdn. auf etwas ansetzen; hier: jdn. auf etwas bringen. • 9 **ânonner qc** (péj.): etwas stockend aufsagen (*un ânon:* kleiner Esel, Eselfohlen). • 10 **mentionner qc:** etwas erwähnen; hier: etwas enthalten. • 15 **faire un clin d'œil à qc:** hier etwa: auf etwas ironisch verweisen (*le clin d'œil:* Augenzwinkern). • 16 **(être) censé, e faire qc:** (eigentlich) etwas tun sollen; hier: den Zweck haben etwas zu tun. • **pointer qc:** etwas hervorheben, deutlich machen, etwas aufzeigen. • 16f. **la vertu cardinale:** Hauptqualität, hervorstechende Eigenschaft (*la vertu:* Tugend).

Aussitôt, les réactions fusent. Lucie, au premier rang, semble résumer l'opinion de la classe:

LUCIE. Oh! là, là! Le vieux temps.

FRANÇOIS. Bon, c'est vrai qu'on s'en fiche un peu de l'imparfait du subjonctif. Juste vous le trouverez dans des romans, et encore, pas très souvent. À l'oral, personne l'utilise. À part des gens très snobs.

ANGELICA. C'est quoi «snob»?

FRANÇOIS. C'est les gens, tu sais, qui ont des manières, qui sont un peu …

Il fait un geste du poignet qui se voudrait précieux. Une voix s'élève au fond de la salle, persuadée d'avoir la solution:

LA VOIX. Les homosexuels.

La remarque fait sourire François.

FRANÇOIS. Non, ce n'est pas ce que j'ai voulu dire. Snob, ce sont des gens très bourgeois et prétentieux. Enfin bref, l'imparfait du subjonctif, c'est pas forcément recommandé de l'utiliser, voyez.

1 **fuser:** laut werden, hervorsprudeln. • 4 **on s'en fiche** (fam.): das ist uns piepegal, schnuppe (*se ficher de qc*, fam.: auf etwas pfeifen). • 6f. **à l'oral** (m.): in der gesprochenen Sprache. • 7 **à part qn/qc:** abgesehen von jdm./etwas, außer jdm./etwas. • 9 **avoir des manières** (f.): wohlerzogen sein, Formen wahren. • 11 **un geste qui se voudrait:** eine Geste, die … sein soll, … wirken soll. • **le poignet:** Handgelenk. • 17 **bourgeois, e:** (gut)bürgerlich, (spieß)bürgerlich. • 17f. **prétentieux, -euse:** überheblich, arrogant. • 19 **recommandé, e:** ratsam, empfehlenswert.

SANDRA. T'manière si nous on l'utilise, j'allasse ou j'sais pas quoi, tout l'monde va dire: «Hou là, qu'est-ce qui font, là? Ils sont malades ou quoi?»

KHOUMBA. Ouais, ça nous sert à rien. Alors, pourquoi on perd du temps avec ça?

FRANÇOIS. J'en parle parce que c'est pas mal d'en parler, y compris pour plus en parler après. Alors, qui vient m'écrire une phrase au tableau à l'imparfait de l'indicatif? Cette fois, on revient à l'indicatif.

La question semble assez simple à tout le monde et une forêt de doigts se lève: «Moi m'sieur, moi m'sieur.»

Damien est l'heureux élu et vient fièrement au tableau. Il écrit maladroitement une phrase: «Le professeur disait on doit pas faire de bruit.»

FRANÇOIS. Bien … Pour l'imparfait, c'est bien, tu as bien accordé, et c'est vrai que c'est l'imparfait qu'il fallait utiliser, puisque c'est quelque chose qui se répète, sauf que tu aurais pu mettre «autrefois» avant pour bien le signifier. Maintenant, on a encore un bon exemple de ce que je passe mon temps à vous dire: vous écrivez comme vous parlez, et j'aimerais bien que vous le sentiez. Allez, va t'asseoir, Damien, merci.

2 **hou là** (interj.): jetzt aber, na sowas! • 7 **y compris:** auch; mit inbegriffen, inklusive. • 15 **maladroitement:** ungeschickt, holprig. • 21 **signifier qc:** etwas ausdrücken, deutlich machen.

François va au tableau.

FRANÇOIS. Dans cette phrase, il y a une proposition conjonctive. Elle est où, Henriette?

HENRIETTE. «Le professeur disait on doit pas faire de bruit.»

FRANÇOIS. Non, là, tu me donnes toute la phrase. La conjonctive, c'est «on doit pas faire de bruit». Et une proposition conjonctive, elle est introduite par quoi normalement? Ne répondez pas tous en même temps surtout …
Par une conjonction de subordination.

Et il rajoute un «qu'» au tableau.

FRANÇOIS. Alors, vous parlez comme ça entre vous si vous voulez, mais quand vous écrivez, vous faites l'effort d'y penser. L'important c'est de bien voyager de l'oral à l'écrit, de bien distinguer. Comme j'aimerais aussi que vous sentiez qu'il y a des expressions qu'on peut dire, mais qu'on n'écrit pas.

La scène s'étant particulièrement développée en amont, ce retour à un moment de grammaire pure a disparu au montage. En écrivant le scénario, il nous semblait pourtant important de revenir régu-

2f. **la proposition conjonctive** (gramm.): Konjunktionalsatz (Nebensatz, der mit einer Konjunktion angeschlossen wird). • 11 **la conjonction de subordination** (gramm.): unterordnende Konjunktion. • 14f. **faire un effort:** sich anstrengen, bemühen. • 19 **particulièrement:** besonders. • 19f. **en amont:** rückwirkend, im Nachhinein.

lièrement à des séquences d'apprentissage plus scolaires, afin d'ancrer le théâtre de la classe dans un contexte pédagogique crédible. Finalement, nous avons fait le choix de nous intéresser presque exclusivement aux moments où les cours «dérivent» vers la confrontation d'idées. En conservant cet extrait, peut-être aurions-nous évité ce commentaire déjà rencontré par François lors de la sortie du livre: «Dans cette classe, on parle beaucoup, mais on travaille peu.» C'est oublier qu'un livre ou un film ont besoin qu'il se passe quelque chose pour exister. Un cours, comme une histoire d'amour, n'est intéressant pour la fiction qu'à partir du moment où il s'embourbe, dysfonctionne, dérape. Ce «filtrage» de la réalité, c'est ce qu'on appelle la mise en scène.

BOUBACAR. Mais monsieur, comment on peut savoir une expression elle se dit qu'à l'oral?

François hésite, ne sachant pas quoi répondre …

1 **la séquence:** (Film-)Sequenz, Gruppe inhaltlich zusammenhängender Einstellungen, filmischer Erzählschritt. • **un apprentissage:** Lernen, Erlernen. • 2 **ancrer qc:** etwas festmachen, verankern (*une ancre:* Anker). • 3 **crédible:** glaubhaft. • 5 **exclusivement:** ausschließlich. • 5f. **dériver:** abdriften, abgleiten. • 14 **s'embourber:** stecken bleiben, sich festfahren, in Schwierigkeiten geraten. • **dysfonctionner:** nicht (mehr) funktionieren. • 15 **déraper:** ausrutschen, abgleiten, außer Kontrolle geraten. • 16 **la mise en scène:** Regie, Inszenierung.

FRANÇOIS. Normalement … C'est des choses qu'on sait … Des choses qu'on sent, voilà. C'est l'intuition.
DAMIEN. C'est quoi la tuition?

Ce «gag», qui fonctionne bien à l'écrit, demandait, à l'oral, à être très appuyé pour être compréhensible. Malgré toute la bonne volonté de Damien, ça ne marchait définitivement pas.

S'il y a une chose difficile à jouer, c'est l'ignorance quand on sait. Damien connaissait le mot «intuition», c'était beaucoup lui demander que de faire semblant de ne pas savoir; c'est une des raisons pour lesquelles ça sonnait faux. De plus, nous avons préféré accélérer le rythme des questions. François semble à bout d'argument, assailli par des questions en chaîne auxquelles il est pourtant tenu de répondre.

FRANÇOIS. L'IN-tuition! L'intuition, c'est ce qu'on sait sans savoir pourquoi ni comment on le sait. On le sent.
DAMIEN. Et si on le sait pas?
FRANÇOIS. Ben … Disons que ça viendra … Et puis, quand même, ça se travaille. En lisant … Tout ça.

5 **appuyer sur qc:** etwas (besonders) betonen, hervorheben (*appuyé, e:* betont). • 14 **être à bout de qc:** mit etwas am Ende sein. • **assaillir qn par qc:** jdn. mit etwas bestürmen. • 15 **en chaîne:** ununterbrochen. • 15f. **il est tenu de faire qc:** er ist verpflichtet, gehalten etwas zu tun; hier: es wird von ihm erwartet, dass er etwas tut.

François est surpris de voir Souleymane, qui discutait avec son voisin depuis deux minutes, le doigt levé.

SOULEYMANE. M'sieur j'ai une question mais si j'la pose vous allez m'envoyer à Guantánamo.

Dans le livre, une réplique inventée par un élève désignait le bureau du principal par «à Guantánamo». Le scénario a prélevé cette réplique, qui, par légère incompréhension de Franck-Souleymane, est devenue «chez Guantánamo». À en juger par les premières projections, cannoises et autres, le gag demeure efficace malgré cette torsion.

FRANÇOIS. Ah?

Boubacar, qui semble déjà connaître la question de son copain, prend le relais:

4 **Guantánamo:** amerikanisches Gefangenenlager innerhalb eines amerikanischen Pachtgebiets auf Kuba, in dem ab 2002 Verdächtige aus dem Afghanistan-Krieg jahrelang ohne Gerichtsbeschluss festgehalten wurden. • 7 **prélever qc:** etwas abzweigen, entnehmen; hier: etwas festhalten. • 8 **une incompréhension:** Unverständnis; hier: Missverständnis. • 9 **à en juger par qc:** nach etwas zu urteilen, wenn man einer Sache Glauben schenken will. • 10 **la projection:** hier: Vorführung (eines Films). • **cannois, e:** aus Cannes stammend; hier: bei den Filmfestspielen in Cannes. Die Internationalen Filmfestspiele von Cannes gelten als eines der weltweit bedeutendsten Filmfestivals. Sie werden seit 1946 jährlich im Mai in Cannes an der französischen Côte d'Azur veranstaltet. • 11 **demeurer:** bleiben. • **efficace:** wirksam. • **la torsion:** Verformung, Verzerrung. • 14 **prendre le relais de qn:** jdn. ablösen.

BOUBACAR. Elle est chaude la question m'sieur. Sur le Coran vous allez l'envoyer direct dans le bureau du principal après.
FRANÇOIS. J'ai déjà fait ça, moi?
BOUBACAR. Non mais sa question m'sieur elle est trop chaude.
FRANÇOIS. Pose-la, qu'on en finisse.
SOULEYMANE. Non m'sieur vous allez vous véner.
FRANÇOIS. On parle français.
SOULEYMANE. Vous allez vous énerver.
FRANÇOIS. J'ai une tête à m'énerver, moi?
SOULEYMANE. C'est clair.

François prend un plaisir évident à pousser Souleymane, qui lui-même s'amuse beaucoup à faire monter la sauce.

FRANÇOIS. Tu peux plus reculer maintenant.

Souleymane s'agite sur sa chaise, souriant de gêne.

SOULEYMANE. Y'en a ils disent … non laissez tomber, c'est mort.
FRANÇOIS. Ils disent quoi?
SOULEYMANE. Y'en a ils disent vous aimez les hommes.

La salle réagit diversement: on entend des rires et des

1f. **sur le Coran:** etwa: ich schwöre auf den Koran, todsicher. • 8 **se véner** (verlan): *s'énerver*. • 13 **pousser qn:** jdn. stoßen; hier: jdn. antreiben. • 14f. **faire monter la sauce:** etwa: Spannung erzeugen, eine Sache interessant machen. • 16 **reculer:** zurückweichen; hier: ausweichen, zurück können. • 17 **la gêne:** Verlegenheit.

cris d'étonnement. François sourit comme s'il s'attendait un peu à cette question.

FRANÇOIS. Ils disent que je suis homosexuel?

Souleymane est vaguement embarrassé par cette formulation.

SOULEYMANE. Ouais voilà.
FRANÇOIS. Eh ben non.

Dans la scène montée, il se passe beaucoup plus de temps avant que le prof ne réponde à la question. C'est que lui – et l'acteur – prennent beaucoup de plaisir à retourner l'interrogation vers

4 **vaguement:** flüchtig, ungenau; hier: ein wenig. • 8 **la scène montée:** die fertig geschnittene Szene, die Szene nach dem Schnitt.

Souleymane: comment ça se fait que tu me demandes ça? Ça a l'air de t'embarrasser que ton prof puisse être homosexuel? Échange très représentatif de la méthode du prof, autant que de la méthode de tournage: sauter sur ce qui se présente pour en tirer le maximum. En l'occurrence, il s'agissait de titiller l'inoffensive et traditionnelle crispation des élèves mâles à propos de cette question. Il y avait là une occasion de «faire son Socrate», de mettre le doigt sur les limites d'un raisonnement, de pointer l'archaïsme d'un élève en espérant le faire avancer. C'est aussi l'exemple le plus flagrant de ce «contrat égalitaire» que ce prof passe avec les élèves: je vous chambre, mais j'accepte aussi que vous me renvoyiez des sarcasmes; vous me chambrez, mais alors ne vous offusquez pas d'être chambrés en retour.

3f. **représentatif, -ive:** repräsentativ; typisch, charakteristisch. • 5 **sauter sur qc:** hier: etwas sofort nutzen, sich sofort mit etwas beschäftigen. • 5f. **se présenter:** hier: sich bieten. • 6 **tirer qc de qc:** etwas aus etwas herausholen. • **en l'occurence** (f.): in diesem Fall (*une occurence*, litt.: Gelegenheit). • 7 **titiller qn:** jdn. kitzeln; hier: jdn. reizen. • **inoffensif, -ive:** harmlos. • 8 **la crispation:** Verkrampfung. • 9f. **faire son Socrate:** etwa: einen sokratischen (fragend-entwickelnden) Dialog in Gang bringen. Sokrates (469–399 v. Chr.) war ein für das abendländische Denken grundlegender griechischer Philosoph; er entwickelte die Methode eines strukturierten Dialogs zur Darstellung seines Denkens. • 10 **mettre le doigt sur qc:** etwas aufzeigen. • 11 **le raisonnement:** Denkweise, logische Schlussfolgerung. • **un archaïsme:** Veraltetsein; hier: veraltete Denkweise. • 13 **flagrant, e:** deutlich, offenkundig. • **le contrat égalitaire:** etwa: Verhältnis der Gleichberechtigung (*égalitaire:* auf Gleichheit beruhend). • 15f. **le sarcasme:** Sarkasmus, spöttische Bemerkung. • 16f. **s'offusquer (de qc):** sich (über etwas) ärgern, (über etwas) empört sein.

Ne voulant pas reculer en si bonne voie, et savourant sans nul doute le prestige qu'il est en train d'acquérir face à la classe, Souleymane insiste:

SOULEYMANE. Ceux-là qui z'ont dit ça ils ont juré sur leur vie.
FRANÇOIS. Eh ben ça va encore faire des morts.
SOULEYMANE. C'est du mytho?
FRANÇOIS. Ben oui, j'suis désolé.
SOULEYMANE (*sarcastique*). Attendez c'est pas une insulte «homosexuel» …
FRANÇOIS. Mais je ne le prends pas pour une insulte. Si j'étais homosexuel j'te l'dirais, mais là non.

Souleymane se contente de faire une moue dubitative.

11. Cour. Extérieur jour.

On peut voir, en plongée, les élèves en train de s'agiter pendant la récréation. Une jeune fille, Hadia, se dispute violemment avec des copines. On entend en off des profs faire des commentaires sur elle.

1 **savourer qc:** etwas genießen. • 2 **acquérir qc:** etwas erwerben, gewinnen. • 7 **le mytho** (fam.): eigtl.: *le mythe:* Mythos, Legende, Erfindung, Lüge. • 13 **faire une moue:** ein schiefes Gesicht, eine Schnute ziehen. • 13f. **dubitatif, -ive:** zweifelnd, ungläubig; unsicher. • 16 **en plongée:** aus der Vogelperspektive, von oben (*la plongée*, cin.: Aufnahme von oben). • 16f. **s'agiter:** sich bewegen.

RACHEL. Elle est vraiment trop chiante, celle-là.
VINCENT. Qui ça? Hadia?
RACHEL. Ouais. Tu la connais, non?
VINCENT. Ben oui. J'ai les cinquième 2.
RACHEL. Elle est totalement à l'ouest, cette gamine.

12. Balcon de la salle des profs. Extérieur jour.

On découvre un petit groupe d'enseignants fumant leur cigarette sur la terrasse de la salle des profs qui domine la cour. François est là, lui aussi. Ils sont dissimulés à la vue des élèves par une haute rambarde. François entre dans la conversation:

FRANÇOIS. Tu as raison, elle est incontrôlable Hadia. En même temps, c'est loin d'être une conne.
RACHEL. Oui, peut-être, mais elle est dure.
VINCENT. C'est pas la seule, en cinquième 2. C'est des fous, j'te jure. Ils commencent vraiment à me …

Il se pince deux fois la pomme d'Adam et reprend:

VINCENT. J'ai fait quatre fiches incident ce matin. Moi

1 **chiant, e** (fam.): saublöd, nervtötend. • 5 **être à l'ouest** (fam.): spinnen. • 9 **dominer qc:** etwas beherrschen; hier: über etwas liegen. • 9 f. **être dissimulé, e:** nicht sichtbar, versteckt sein. • 10 **la rambarde:** Brüstung, Geländer. • 13 **le con / la conne** (vulg.): Depp, dumme Kuh. • 17 **se pincer qc:** sich etwas einklemmen; hier: sich an etwas fassen. • **reprendre:** hier: fortfahren. • 18 **la fiche incident:** Bericht über einen Zwischenfall.

si ça continue ça va être fini. L'année dernière j'suis tombé à 7 de tension, j'ai pas envie que ça recommence, merci.

Dans la cour, certains élèves commencent un match de foot.

Après un silence, Patrick étouffe un petit rire nerveux.

VINCENT. Qu'est-ce t'as?
PATRICK. Tu veux entendre un truc drôle?
VINCENT. Quoi?
PATRICK. Tu sais ce que ça veut dire, Hadia, en arabe? Ça veut dire noblesse silencieuse.

La remarque fait sourire. Une prof lève les yeux au ciel.

Encore un «bon mot» issu du livre qui passe mal à l'écran, parce que précisément c'est un bon mot, qui part de loin et nécessite un échafaudage de dialogue un peu compassé. Comme passe mal tout

1f. **j'suis tombé à 7 de tension** (fam.): geläufiger Ausdruck für einen schwachen Zustand auf Grund von Stress. Der Ausdruck soll einen Schwächeanfall andeuten; hier etwa: ich habe einen Kollaps erlitten (*la tension*: Spannung; Blutdruck). • 6 **étouffer qc:** etwas ersticken; hier: etwas unterdrücken. • 11 **Hadia:** arabischer Vorname. • 12 **la noblesse:** Adel, Vornehmheit. • 14 **être issu, e de qc:** aus etwas stammen. • **passer mal:** schlecht wirken, schlecht ‚rüberkommen'. • 16 **partir de loin:** einen längeren Vorlauf haben. • **nécessiter qc:** etwas benötigen. • 16f. **un échafaudage de dialogue:** etwa: ein vorbereitender Dialog (*un échafaudage:* Gerüst, Konstruktion). • 17 **compassé, e:** steif, unnatürlich.

ce qui relève du bêtisier orchestré (voir l'épisode de «la tuition») et beaucoup mieux le bêtisier «naturel» (la chorégraphie pour l'échographie dans la scène finale du film, œuvre spontanée de Damien). C'est l'une des raisons pour lesquelles cette scène a été supprimée au montage.

13. Cour. Extérieur jour.

Depuis le balcon de la salle, on voit quelques élèves de la classe dans la cour de récréation. Des garçons prennent des poses devant une affiche les représentant en rappeurs, sans doute pour un petit spectacle qu'ils s'apprêtent à donner dans le collège. Souleymane prend des photos avec son téléphone portable pour immortaliser ce grand moment d'auto-imitation. Khoumba, Sandra et quelques autres se moquent d'eux. Les rappeurs ne semblent pas gênés par les railleries de leurs camarades. On entend des bribes de

1 **le bêtisier:** Sammlung von (typischen) Dummheiten und dummen Sprüchen. • **orchestré, e:** künstlich, gewollt, konstruiert (*orchestrer qc:* etwas inszenieren, konstruieren). • 3 **la chorégraphie pour l'échographie:** Damien hat die zwei Begriffe wegen des ähnlichen Klangs verwechselt (*une échographie:* Ultraschall[untersuchung]). • 8 **depuis:** hier: von … aus. • 10 **une affiche:** Plakat, Poster. • 11 **le rappeur / la rappeuse:** Rapper(in), Rap-Sänger(in). • 12 **s'apprêter à faire qc:** Vorbereitungen treffen, um etwas zu tun; im Begriff sein etwas zu tun. • 14 **immortaliser qn/qc:** jdn./etwas unsterblich machen; hier: etwas für die Nachwelt festhalten. • 17 **les railleries** f.: Spott, Spötteleien. • 17 f. **les bribes** (f.) **de conversation:** Wortfetzen, -brocken.

conversation. Khoumba demande à Souleymane de prendre une photo d'elle, juste pour l'emmerder.

Souleymane, en jeune coq, la repousse sans ménagement. Sandra vient à son tour se blottir contre Khoumba pour être aussi sur la photo. Khoumba s'énerve: «Hé, tu me lâches! Jamais j'ai dit que je voulais une photo avec toi.» Sandra se montre de plus en plus collante bien que Souleymane n'ait toujours pas l'intention de les photographier. Sandra insiste: «Allez, comme ça, t'auras une photo des deux plus belles meufs de l'école, tu s'ras trop content.» Souleymane lui fait remarquer qu'elle a des dents pourries: «Va mettre des bagues déjà et on verra …»

Khoumba ne prend même pas la peine de défendre sa copine qui s'écarte, un peu vexée. Elle tente en vain de convaincre Souleymane de prendre une photo d'elle seule, comme ça elle pourra s'afficher à chacun de ses appels. Mais Souleymane refuse, sans doute gêné de se faire draguer aussi ouvertement devant ses copains. Surtout que Khoumba semble se moquer un peu de lui. Il se remet à photographier ses amis. Khoumba et Sandra se pressent alors derrière lui pour admirer la qualité de l'écran. Bien qu'agacé, Souley-

2 **emmerder qn** (vulg.): jdn. nerven. • 3 **le coq:** Hahn; hier: Gockel. • 3f. **sans ménagement** (m.): rücksichtslos (*ménager qn:* jdn. schonen, rücksichtsvoll behandeln). • 4 **se blottir contre qn:** sich an jdn. drücken, schmiegen. • 6 **lâcher qn** (fam.): jdn. in Ruhe lassen. • 8 **collant, e:** klebrig; hier: anschmiegsam, anhänglich. • 11 **la meuf** (verlan): *femme, fille.* • 12 **faire remarquer qc à qn:** jdn. auf etwas hinweisen. • **les dents pourries** (fam.): schlechte, hässliche Zähne (*pourrir:* verfaulen). • 13 **la bague:** Ring; hier: Zahnspange. • 15 **s'écarter:** beiseite treten, zur Seite gehen. • 17 **s'afficher:** sich zeigen, sich in Szene setzen (hier: auf dem Handydisplay). • 19 **draguer qn** (fam.): jdn. anmachen.

mane ne peut s'empêcher de faire la démonstration des possibilités de son téléphone. Khoumba lui demande où il l'a acheté, et Souleymane lui répond qu'il est de toute manière trop cher pour elle, et que de toute façon, il n'y en a plus en stock. Les deux filles insistent: s'il le voulait vraiment, il pourrait leur en trouver un. Profitant d'un ballon qui passe et qu'il saisit au vol, Souleymane entre dans le match de foot qui vient de s'improviser dans la cour.

14. Classe. Intérieur jour.

Tout en finissant d'écrire la règle au tableau, François l'énonce à voix haute:

FRANÇOIS. Quand il précède un t, le i des verbes en «aître» et «oître» prend, au présent de l'indicatif, un accent circonflexe.

Il se retourne vers une classe étonnamment calme. La plupart des élèves recopient la phrase. Quelques-uns, comme Henriette, restent bouche bée d'incompréhension.

1 **ne pouvoir s'empêcher de faire qc:** nicht anders können, nicht umhin kommen etwas zu tun. • 4f. **de toute manière; de toute façon:** in jedem Fall, ohnehin, sowieso. • 5 **en stock** (m.): vorrätig, lieferbar. • 12 **énoncer qc:** etwas deutlich aussprechen, formulieren. • 13 **précéder qc:** einer Sache vorangehen; hier: vor etwas stehen. • 18 **rester bouche bée:** vor Verblüffung den Mund offen stehen lassen, völlig erstaunt sein.

FRANÇOIS. Bon, par exemple, qui vient me conjuguer le verbe «croître» au tableau?

Tous les yeux se baissent pour éviter de croiser le regard de François. Il y a comme un éclair d'angoisse dans les yeux d'Henriette.

FRANÇOIS. Allez, Cherif, tu viens?

Cherif vient au tableau, non sans inquiétude. Ses copains le regardent comme s'il montait à l'échafaud. Il hésite un moment à prendre la craie puis se lance. Il massacre sans scrupules les deux premières personnes du singulier: «Je croit, tu crois.» Mais arrivé à la troisième, il écrit, puis efface précipitamment. Le suspense est tangible dans les rangs. Cherif finit par se retourner vers François:

CHERIF. J'sais pas m'sieur.
FRANÇOIS. Mais si, tu sais. Commence par vérifier tes terminaisons.

Il réfléchit un instant devant le tableau, puis remplace le t par un s au bout de «je crois».

FRANÇOIS. Très bien. Allez, vas-y, n'aie pas peur.

3f. **croiser le regard de qn:** jds. Blick begegnen. • 4 **un éclair:** Blitz; hier: Aufblitzen. • **une angoisse:** Angst. • 8 **un échafaud:** Schafott. • 9 **se lancer:** sein Glück versuchen; loslegen. • 10 **massacrer qc:** hier (fig.): etwas völlig falsch aufschreiben. • 12 **précipitamment:** überstürzt, hastig. • 12f. **le suspense** (angl.): Spannung. • 13 **tangible:** mit Händen greifbar, spürbar.

Regonflé par cet encouragement, il continue.

FRANÇOIS. Ben tu vois, maintenant c'est bon, et tu as bien pensé à l'accent circonflexe à la troisième personne. Continue.

Cherif écrit sans trop y croire «nous croîtons, vous croîtez, ils croîtent». Sandra fronce les sourcils.

FRANÇOIS. Tu peux retourner à ta place, merci. Au moins on peut dire qu'il est logique parce qu'à chaque fois qu'il y a un t derrière le i, il met un accent circonflexe. Donc là-dessus c'est bien, Cherif, tu as fait attention à la règle. Le seul problème c'est qu'on dit pas «nous croîtons». On dit comment?

Silence.

FRANÇOIS. Quel nom on construit à partir de croître? Un terme d'économie.

Les élèves se lancent dans un concert de «crrr». François cherche à les mettre sur la voie.

FRANÇOIS. On en parle beaucoup en ce moment.
SOULEYMANE. Noël?
FRANÇOIS. Non, un terme d'économie.
RABAH. L'argent?

1 **regonflé, e:** etwa: mit neuem Mut (*gonfler qc:* etwas aufblasen). • 5 **sans trop y croire:** etwa: ohne große Überzeugung. • 6 **froncer les sourcils** (m. pl. [!]): die Stirn runzeln (*le sourcil:* Augenbraue). • 15 **le terme:** Ausdruck, Begriff. • 17 **mettre qn sur la voie:** jdm. auf die Sprünge helfen (*la voie:* Weg, Spur, Gleis).

FRANÇOIS. On cherche un mot construit à partir de croître.

BOUBACAR. Le business?

FRANÇOIS. À partir de croître, j'ai dit.

DAMIEN. Faire des courses?

FRANÇOIS. Non, Damien.

Les «crrr» ont cessé, les élèves paraissent découragés.

Une fille lève le doigt sans cesser de mâchonner son stylo.

DALLA. Monsieur, «croître» ça veut dire quoi?

FRANÇOIS. C'est comme grandir.

SANDRA. Pourquoi on le dit jamais?

FRANÇOIS. Ça dépend qui.

BOUBACAR. Vous le dites vous?

FRANÇOIS. Tout le temps. J'arrête pas.

La réponse de François irrite Khoumba:

KHOUMBA. Monsieur, pourquoi vous nous charriez tout le temps?

FRANÇOIS. Je vous charrie, moi?

KHOUMBA. Ouais, y'en a plein ils pensent vous charriez trop.

FRANÇOIS. Et toi t'en penses quoi?

KHOUMBA. Moi personnellement?

FRANÇOIS. Toi personnellement.

KHOUMBA. Moi j'pense vous charriez trop.

8 **mâchonner qc:** an etwas kauen. • 17 **charrier qn** (fam.): jdn. ‚auf den Arm nehmen'.

De manière générale, pendant les ateliers, nous tournions autour des scènes sans vraiment les explorer autant que nous entendions le faire au moment du tournage. Celle-ci est l'une des rares que nous avions mise en forme assez précisément. La retranscription qui en est donnée ici reprend le canevas mis au point alors. Sur le tournage, impossible de retrouver l'énergie qui avait été celle de l'atelier. Parce qu'elle jouait sur l'ignorance réelle de certains élèves de la conjugaison du verbe «croître», c'est une scène qui ne pouvait fonctionner qu'une fois. Nous avions grillé nos cartouches.

Nous avons donc gardé de cette scène le strict minimum: les «crrrr» chercheurs et quelques perles spontanées. Nous avons donc reconstruit la scène en temps réel pour arriver à ce «vous chariez trop» dont la fiction avait besoin. Il y avait un vrai danger à faire trop durer les ateliers, et, à la lumière de cette scène, nous ne pouvons que nous féliciter de les avoir suspendus en avril, dès lors que nous avons été sûrs que le dispositif fonctionnait et que nous avions trouvé les bons acteurs.

2f. **explorer qc:** etwas erkunden, einer Sache auf den Grund gehen. • 6 **la retranscription:** Abschrift, Transkription; hier: Wiedergabe. • 6f. **le canevas:** Stickerei; gesticktes Bild; hier: Grundgerüst, Rahmen. • 7 **mettre qc au point:** etwas ausarbeiten. • 12 **griller ses cartouches** (fig.): sein Pulver verschießen (*la cartouche:* Patrone). • 15 **la perle:** hier: Stilblüte. • 16 **en temps réel:** unter realen Bedingungen. • 18f. **à la lumière de:** angesichts, nach den Erfahrungen mit. • 19f. **se féliciter de qc:** sich über etwas freuen, über etwas froh sein. • 20 **suspendre qc:** etwas verschieben, vorübergehend weglassen. • **dès lors:** von da an, von diesem Zeitpunkt an. • 21 **le dispositif:** Vorrichtung; hier: der Plan.

15. Salle des profs. Intérieur jour.

Dans la salle des profs particulièrement calme, Vincent fait irruption. Fébrile, il va se servir un café. Face à ses collègues médusés, il se lance dans une interminable jérémiade.

VINCENT. J'en ai marre de ces guignols, j'peux plus les voir, j'veux plus les voir. Ils m'ont fait un souk, j'en peux plus, j'peux plus les supporter. Ça sait rien du tout et ça te regarde comme si t'étais une chaise dès qu'tu veux leur apprendre quelque chose, mais qu'ils y restent dans leur merde, qu'ils y restent, moi j'irai pas les rechercher, j'ai fait c'que j'avais à faire, j'ai essayé de les tirer mais ils veulent pas, c'est tout, y'a rien à faire, putain j'peux plus les voir, j'vais en assommer un, c'est sûr.

Il secoue nerveusement un sachet de sucre sous le regard interdit de ses collègues.

VINCENT. Ils sont mais d'une bassesse, d'une mauvaise

3 **faire irruption** (f.): plötzlich erscheinen; hier: hereinstürzen. • **fébrile:** fieberhaft, erregt. • 3f. **face à ses collègues** (m., f.): vor seinen Kollegen, vor den Augen seiner Kollegen. • 4 **médusé, e:** verblüfft, sprachlos. • **se lancer dans qc:** sich in etwas stürzen; hier: in etwas ausbrechen. • 5 **la jérémiade:** Klagelied, Gejammer. • 6 **en avoir marre de qc** (fam.): etwas satthaben, genug von etwas haben. • **le guignol:** Kasper, Umtreiber. • 7 **faire un souk:** hier: einen Zirkus veranstalten (*le souk:* Markt, Geschäftsviertel einer arabischen Stadt). • 15 **assommer qn:** jdn. erschlagen, totschlagen. • 16 **secouer qc:** etwas schütteln. • **le sachet:** (Papier-)Tütchen. • 17 **interdit, e:** hier: sprachlos. • 18 **la bassesse:** Niedertracht, Erbärmlichkeit.

foi, toujours à chercher l'embrouille là, mais allez-y les gars, allez-y, restez bien dans votre quartier pourri, toute la vie vous allez y rester et ça sera bien fait, mais c'est qu'en plus ils sont contents ces connards, ils sont contents d'y rester ces bouffons, t'façon j'vais aller voir le principal, et j'vais lui dire les troisième 2, je les prends plus d'ici la fin de l'année, ils auront deux mois de physique en moins? Tu parles qu'ils s'en foutent, de la physique ils en ont pas fait une seule seconde cette année, pas une seule seconde ils en ont fait, alors c'est pas deux pauvres mois de merde qui vont changer l'affaire,

1 **chercher l'embrouille** (fam.): Verwirrung stiften, alles durcheinanderbringen (*une embrouille*, fam.: Wirrwarr; Verwirrspiel). • 2 **le gars** (fam.): Bursche, Kerl. • 5 **le connard** (vulg.): Depp, Scheißkerl. • **le bouffon:** Clown. • 6 **t'façon** (fam.): *de toute façon*. • 8f. **tu parles** (fam.): von wegen; hier: du kannst dir sicher sein. • 9 **se foutre de qc** (fam.): etwas ist einem völlig gleichgültig, piepegal.

c'est pas maintenant qu'ils vont s'y mettre alors qu'ils sont moitié en rut à pousser des cris comme ça dans la cour, et même en classe mais c'est du délire j't'assure, ils sont là comme des bêtes j'te jure j'ai jamais vu ça.

Il traîne brutalement une chaise jusqu'à la fenêtre et s'assied.

VINCENT. J'peux plus les supporter, c'est même pas les troisième que j'vais demander à plus avoir, c'est tout le monde, voilà, j'vais aller voir le principal et j'vais lui dire que j'prends plus d'élèves d'ici la fin de l'année sinon j'te jure j'vais en tuer un, il va faire la gueule le principal mais c'est presque une mesure de sécurité j'te jure, quelqu'un a un mouchoir en papier?

Sophie lui tend un mouchoir. François, comme les autres profs, baisse les yeux. Pour se calmer, Vincent regarde par la fenêtre en dégustant son café.

La sonnerie retentit. Fondu au noir.

1 **s'y mettre:** von: *se mettre à qc:* etwas in Angriff nehmen. • 2 **être moitié en rut** (fam.): etwa: halb durchgeknallt sein (*le rut:* Brunst, Brunft). • 3f. **le délire:** Irrsinn, Wahnsinn. • 6 **traîner qc:** etwas ziehen, schleifen. • 12f. **faire la gueule** (fam.): maulen, meckern; (stink-) sauer sein. • 19 **fondu au noir** (tech.): es wird abgeblendet.

Cette séquence, extraite telle quelle du livre, est certainement la plus théâtrale du film. Une théâtralité que nous avons totalement assumée parce qu'en fait Vincent la vit lui-même comme un moment de théâtre. Il «fait son numéro» face à ses collègues médusés, non pas tant par son état que parce qu'ils peuvent se reconnaître dans ce one man show. Ils savent que demain, ou la semaine prochaine, ce sera le tour d'un autre, peut-être le leur. Nous avons d'ailleurs filmé autant le silence des autres et leurs regards fuyants que les effusions de Vincent.

16. Cour, salle des profs, classes. Extérieur + intérieur nuit tombante.

Pendant que la voix de François chuchote le texte d'un questionnaire officiel sur l'Éducation nationale, on peut voir une série d'images de la vie dans le collège, alors qu'on entre dans l'hiver: un homme qui balaie la cour déserte, des élèves esseulés pendant la récréation, un enseignant assoupi dans la salle des profs, des scènes de classe vues à travers les fenêtres de la cour, à la nuit tombante ...

3 **assumer qc:** etwas auf sich nehmen; hier: etwas akzeptieren. • 11 **le regard fuyant:** ausweichender Blick. • 11 f. **une effusion:** Gefühlsausbruch. • 15 **chuchoter:** flüstern. • 19 **esseulé, e** (litt.): einsam und verlassen, verloren, hier: vereinzelt. • 20 **assoupi, e:** eingeschlafen, dösend (*s'assoupir:* einschlafen, dösen).

FRANÇOIS (*off*). Quelles sont les valeurs de l'école républicaine et comment faire en sorte que la société les reconnaisse? Quelles doivent être les missions de l'école, à l'heure de l'Europe et pour les décennies à venir? Vers quel type d'égalité l'école doit-elle tendre? Faut-il partager autrement l'éducation entre jeunesse et âge adulte, et impliquer davantage le monde du travail? Quel socle commun de connaissances, de compétences et de règles de comportement les élèves doivent-ils prioritairement maîtriser au terme de chaque étape de la scolarité obligatoire? Comment l'école doit-elle s'adapter à la diversité des élèves?

En 2003, le ministre de l'Éducation nationale avait lancé une opération débat dans les établissements de l'ensemble du territoire. Pour charpenter ces débats, une liste de problématiques avait été transmise à tous les enseignants, dans laquelle on pouvait puiser à loisir. Le livre s'amusait à re-

2 **faire en sorte que** (+ subj.): dafür sorgen, dass … • 3 **la mission:** Aufgabe, Auftrag; Mission. • 4f. **la décennie:** Jahrzehnt. • 5f. **tendre vers qc:** nach etwas streben. • 8 **le socle:** Basis. • 9f. **le comportement:** Verhalten. • 10 **prioritairement:** in erster Linie. • **maîtriser qc:** etwas beherrschen, meistern. • 11 **au terme de:** am Ende von. • 15 **lancer qc:** hier: etwas auf den Weg bringen, initiieren. • **une opération débat:** Vorhaben einer breit angelegten Diskussion. • 16f. **charpenter qc:** einer Sache ein Gerüst geben; hier: etwas untermauern (*la charpente:* Gerüst; Dachstuhl). • 17 **la problématique:** Problemstellung. • 18 **transmettre qc à qn:** jdm. etwas übermitteln, zukommen lassen. • 19 **puiser dans qc:** sich bedienen. • **(tout) à loisir:** in (aller) Ruhe.

porter l'ensemble de ces questions sans retour à la ligne, formant un pâté indigeste et comique à force d'abstraction. Nous avons eu envie de rythmer le récit par la lecture très administrative de ces questions. Les interrogations très théoriques devaient contraster avec le quotidien que le film recueille et recrée. Au montage, cela ne nous a pas semblé nécessaire. Nous avons préféré rester dans l'énergie des confrontations. Le formalisme très distancié de cette voix off ne trouvait définitivement pas sa place dans le film.

De plus, cette lecture off, soutenue par des images vides du collège, avait vocation à donner le sentiment du temps qui s'écoule, de sorte qu'à la fin du film on ait vraiment l'impression d'avoir passé une année scolaire. Or il semble que cette impression se gagne sans cette opération de montage, par la stricte succession des scènes de classe.

2 **le pâté:** Pastete; hier etwa: Brei. • **indigeste:** unverdaulich, schwer verdaulich. • 2f. **à force de:** vor lauter, wegen. • 4 **administratif, -ive:** verwaltungsmäßig, förmlich. • 7 **recueillir qc:** etwas sammeln; hier: etwas aufnehmen. • 10 **distancié, e:** distanziert, abgehoben. • 12 **la lecture off** (tech.): Stimme eines für die Kamera unsichtbaren Vorlesers. • 13 **avoir vocation à faire qc:** die Bestimmung haben etwas zu tun; hier: den Zweck haben etwas zu tun (*la vocation:* Berufung, Neigung). • 14 **de sorte que** (+ subj.): so dass … • 18 **la succession:** (Ab-)Folge, Aufeinanderfolgen.

17. Classe. Intérieur jour (gris).

Il fait froid dehors. Les élèves, en vêtements d'hiver, semblent très excités. Sur les tables, on repère *Le Journal d'Anne Frank*, dont certains sont en train de lire les premières pages au milieu du chahut.

FRANÇOIS. Bon, vous avez tous lu le premier chapitre?

Des protestations s'élèvent:
Non non, on a pas fini …

FRANÇOIS. Vous finirez chez vous. Khoumba, tu nous lis le premier paragraphe?
KHOUMBA. Pourquoi moi? J'ai pas envie, moi.
FRANÇOIS. Envie ou pas, tu lis.
KHOUMBA. Vous allez pas me forcer à lire.
FRANÇOIS. Ben si, là, t'as pas vraiment le choix.

Pour toute réponse, Khoumba «tipe»: «tsss», ce qui énerve instantanément François, qui prend les vingt-quatre autres à témoin.

FRANÇOIS. Ça s'appelle comment ce que Khoumba vient de faire?
DAMIEN. Tiper.

3 **excité, e:** erregt, aufgeregt. • 13 **forcer qn:** jdn. zwingen. • 15 **ti(p)per** (oder *tchipper*, fam.): seine Missbilligung mit einer Art *tzgtzgtzg*-Laut äußern (findet zunehmend Verbreitung an den Schulen; ähnliche Laute finden sich in mehreren afrikanischen Sprachen und im Kreolischen).

FRANÇOIS. Oui, d'accord, mais je veux parler de son comportement?

Ils réfléchissent tous intensément.

AGAM. Insolence.

Ici comme souvent, ce sont d'autres acteurs-élèves que ceux prévus qui ont hérité des répliques. (Dans le film, c'est en fait Wei qui dit «tiper», et Boubacar qui dit «insolence», essuyant en conséquence le sarcasme du prof.) Pour un grand nombre de répliques, la distribution était aléatoire, car indexée à nulle ligne fictionnelle. Nous décidions de qui dirait quoi avant la prise, en fonction de critères liés au moment: un tel n'a pas parlé depuis longtemps, ou a l'air de s'ennuyer sur le tournage, ou nous semble pouvoir bien porter la réplique en question. Entraient en considération des questions d'angles de vue. Tout cela peut sembler un joyeux bordel, mais dans la quasi totalité des cas les acteurs-élèves assumaient leur

6 **hériter de qc:** etwas erben; hier: etwas übernehmen. • 8 **essuyer qc:** hier (fig.): etwas einstecken müssen, auf sich ziehen. • 10f. **aléatoire:** rein zufällig. • 11 **indexé, e à qc:** hier: an etwas gebunden. • **la ligne fictionnelle:** Erzählstrang. • 13 **être lié, e à qc:** an etwas gebunden sein, von etwas abhängig sein; sich aus etwas ergeben. • 16f. **entrer en considération:** erwogen werden, berücksichtigt werden (*la considération:* Erwägung, Überlegung; Wertschätzung). • 17 **un angle de vue** (tech.): Kameraperspektive. • 18 **le bordel** (fam.): Chaos, Durcheinander. • 18f. **la quasi-totalité de:** fast alle, nahezu alle.

mission sans poser de questions, et avec talent. Et puis c'est un peu ça, une classe rêvée comme un espace démocratique: la parole peut y venir de n'importe qui, n'importe quand.

FRANÇOIS. Bien, Agam. C'est vrai qu'on a affaire à un spécialiste. Alors, Khoumba, je t'attends …
KHOUMBA. M'sieur ça s'fait pas, vous êtes véner et vous vous en prenez à moi, ça s'fait pas.

François a visiblement envie d'en découdre et ne s'arrête pas là.

FRANÇOIS. D'abord on dit pas véner, on dit quoi?
KHOUMBA. On dit quoi quoi?
FRANÇOIS. Utilise un vrai mot français, ça changera.
KHOUMBA. Vous avez la rage et vous vous en prenez à moi, ça s'fait pas m'sieur.
FRANÇOIS. C'est pas à toi de m'expliquer si j'ai la rage ou pas, et maintenant tu te tais parce que ça va mal finir … On t'écoute.
KHOUMBA. Vous voulez j'parle et en même temps vous voulez j'parle pas. J'fais quoi moi?
FRANÇOIS. Tu parles en lisant le texte, dépêche-toi.
KHOUMBA. T'façon, j'lis pas.

4 **n'importe qui:** irgendwer, irgendjemand (*importer:* wichtig sein). • **n'importe quand:** irgendwann. • 8 **s'en prendre à qn:** jdn. für etwas verantwortlich machen; hier: auf jdn. losgehen (verbal). • 9 **avoir envie d'en découdre** (fig.): streitlustig sein, einem Konflikt nicht aus dem Wege gehen wollen (*découdre qc:* etwas heraustrennen).

François est à bout.

FRANÇOIS. Bon, ça suffit maintenant. On arrête là, et tu viens me voir à la fin du cours. Sandra, tu veux lire, toi, ou tu fais la grève comme Khoumba?

SANDRA. Eh m'sieur c'est sa vie, j'ai rien à voir avec ça moi.

FRANÇOIS. Alors vas-y.

SANDRA (*en souriant et affectant une courtoisie parodique*). Avec grand plaisir monsieur.

Encore l'énergie d'Esméralda-Sandra qui, informée du ton préconisé par la didascalie ci-dessus, va pousser le bouchon jusqu'au comique. Elle dira «avec très très grand plaisir» et, détachant bien les deux «très», y mettra une conviction proche de la caricature mais parfaitement adaptée au moment.

Pendant que Sandra lit l'extrait, les autres élèves écoutent plus ou moins attentivement. Khoumba, elle, ne semble pas avoir décoléré.

J'ai la réputation d'être un paquet de contradictions! [...] Je t'ai raconté plusieurs fois que mon âme est

1 **être à bout** (fig.; pop.): genug haben; hier: am Ende seiner Geduld sein. • 8 **affecter qc:** etwas vortäuschen, heucheln. • **la courtoisie:** Höflichkeit. • 11 **préconiser qc:** etwas befürworten; etwas empfehlen, nahelegen. • **la didascalie:** Regieanweisung. • 12 **pousser le bouchon jusqu'à …** (fig.): übertreiben. • 13 **détacher qc:** etwas trennen, auseinanderziehen (*attacher qc:* etwas befestigen, zusammenbinden). • 18 **décolérer:** sich beruhigen.

pour ainsi dire divisée en deux. D'un côté logent ma gaieté exubérante, mon regard moqueur sur tout, ma joie de vivre et surtout ma façon de prendre tout à la légère. Par là, je veux dire que je ne vois rien de mal à flirter, à donner un baiser, à serrer quelqu'un dans mes bras, à dire une blague de mauvais goût. Ce côté est plus souvent à l'affût et refoule l'autre côté qui est plus beau, plus pur et plus profond.

C'est vrai finalement, le beau côté d'Anne, personne ne le connaît et c'est pourquoi si peu de gens peuvent me supporter. Évidemment, je suis un clown amusant pour un après-midi, après quoi tout le monde a eu sa dose pour un mois. […]

En société, la douce Anne n'a encore jamais, pas une seule fois, fait son apparition, mais dans la solitude, elle l'emporte toujours. […] À l'intérieur, l'Anne pure me montre le chemin, à l'extérieur, je ne suis rien d'autre qu'une petite chèvre turbulente qui a arraché ses liens. […]

En moi une voix sanglote: «Tu vois, voilà où tu en es arrivée, de mauvaises opinions, des visages moqueurs ou perturbés, des personnes qui te trouvent antipathique, et tout cela seulement parce que tu n'écoutes pas les bons conseils de la bonne moitié en

2 **la gaieté:** Fröhlichkeit. • **exubérant, e:** überschwänglich. • 3f. **prendre qc à la légère:** etwas auf die leichte Schulter nehmen. • 5f. **serrer qn dans ses bras:** jdn. umarmen, in die Arme schließen (*serrer qc:* etwas umklammern, fest drücken). • 6 **la blague:** Witz, Scherz. • 7 **être à l'affût** (loc.): auf der Lauer liegen (*un affût:* Ansitz [bei der Jagd]). • **refouler qn/qc:** jdn./etwas zurückdrängen. • 15 **faire son apparition** (f.): in Erscheinung treten. • 16 **l'emporter (sur qc):** stärker sein (als etwas), (über etwas) siegen, (bei etwas) das letzte Wort haben. • 20 **sangloter:** schluchzen. • 22 **perturber:** verstören, durcheinanderbringen.

toi.» Ah, j'aimerais bien écouter, mais je n'y arrive pas, quand je suis calme et sérieuse, tout le monde pense que je joue encore la comédie et alors je suis bien obligée de m'en sortir par une blague, [...] je deviens d'abord hargneuse, puis triste et finalement je me retourne le cœur, je tourne le mauvais côté vers l'extérieur, et le bon vers l'intérieur, et ne cesse de chercher un moyen de devenir comme j'aimerais tant être et comme je pourrais être, si ... personne d'autre ne vivait sur terre.

Bien à toi,
Anne Frank.

Ici se termine le journal d'Anne Frank.

Au moment de l'écriture du scénario, nous n'avions pas encore décidé que serait lue, en réalité, la fin du *Journal d'Anne Frank*. L'autoportrait d'Anne Frank nous a semblé particulièrement opportun en ce sens qu'il révélait, chez Esméralda-Sandra, deux traits de caractère apparemment paradoxaux: à la fois une lucidité sur ce qu'elle est profondément (pénible, dure à supporter trop longtemps) et une incapacité à se contrôler. Évidemment, la distance historique et sociologique

5 **hargneux, -euse:** gereizt, bissig. • 17f. **opportun, e:** geeignet, passend. • 18 **révéler qc:** etwas offenlegen, offenbaren, enthüllen. • 19 **le trait:** Strich; Zug. • 19f. **paradoxal, e:** widersprüchlich. • 20 **la lucidité:** Klarsichtigkeit, Scharfblick. • 21 **pénible:** unangenehm, lästig. • 22 **une incapacité:** Unfähigkeit.

entre Esméralda et Anne Frank ne fait que souligner cette permanence adolescente: non pas une ignorance, mais un vrai savoir sur soi et une difficulté (ou un refus, parfois) à évaluer le rôle qu'on souhaite vous voir tenir. De fait, cette lecture nous semblait résonner justement dans ce lieu de domestication sociale inévitable qu'est aussi l'école.

FRANÇOIS. Vous voyez, en quelques phrases, l'auteur a réussi à se définir. Moi, j'ai l'impression de la connaître en lisant ça.

Sandra explose:

SANDRA. Oui mais monsieur, ça sert à quoi d'écrire sa vie?
FRANÇOIS. Tu lèves le doigt pour parler.

Elle lève mécaniquement le doigt et enchaîne:

SANDRA. Ça sert à rien d'écrire sa vie.
FRANÇOIS. Ah bon! Mais dans ce cas, qu'est-ce qui sert à quoi?
SANDRA. Je sais pas, mais ça, ça sert à rien.
FRANÇOIS. Ça peut intéresser les autres, non?

1 **ne faire que** (+ inf.): dazu führen dass; unweigerlich etwas tun; hier: etwas nur noch verstärken. • 4 **évaluer qc:** etwas abschätzen, einschätzen. • 6 **résonner:** klingen, (wider)hallen; hier: einen Widerhall, ein Echo finden. • 6f. **la domestication:** Zähmung; hier: Sozialisation, Sozialisierung. • 15 **enchaîner:** weitermachen, fortfahren.

SANDRA. Non, y'a rien d'intéressant, j'sais pas, ma vie c'est ma vie, c'est tout.

KHOUMBA. Ah ben attends, toi, tu arrêtes pas de raconter des trucs sur toi tout le temps …

FRANÇOIS. Ben moi, ça m'intéresse de savoir comment les autres vivent … Et ça me permet de les connaître un peu mieux.

JULIETTE (*scandalisée*). C'est notre vie privée, ça vous regarde pas.

> Pendant le tournage, l'improvisation autour de cette scène a donné lieu à une prise de parole très intéressante d'Angelica:
>
> ANGELICA. Mais oui, mais voilà … Mais … Mais je pense que vous dites ça parce que vous voulez qu'on parle … qu'on «truc», mais j'pense pas que c'est vrai.
>
> FRANÇOIS. Ah bon, qu'est-ce qui n'est pas vrai?
>
> ANGELICA. Ben le fait que vous vous intéressiez à savoir voilà …
>
> FRANÇOIS. Ah! Tu crois que je suis en train de mentir. En fait, je ne m'intéresse pas du tout à vous, mais je suis en train de forcer un peu le trait pour vous convaincre que c'est intéressant?
>
> ANGELICA. Non c'est pas ça, mais pas autant que vous essayez de le faire paraître.

8 **scandalisé, e:** empört, aufgebracht.

Agame

Angelica

Arthur

Boubacar

Burak

Carl

Cherif

Dalla

FRANÇOIS. Peut-être que j'exagère un petit peu effectivement, vu que je vois que vous êtes pas d'accord avec moi. Donc j'exagère ma position, ça c'est … Mais par contre c'est une position, assez sincère à la base.

Belle démonstration de lucidité. Angelica a tout compris au double jeu du prof, semi-démagogue à titre de pédagogie. Conserver dans le montage cette intervention totalement imprévue était une façon de rendre justice à la pertinence des élèves, quitte à devoir couper un certain nombre de remarques que nous avions écrites afin de ne pas aboutir à une séquence interminable.

Il faut savoir que le premier montage du film durait presque trois heures, malgré la suppression de quelques scènes. Nous avons évoqué l'idée de faire une version longue, mais le montage auquel nous sommes arrivés après quatre mois nous a convaincus. Au bout du compte, nous n'éprouvons plus aucune frustration quant à ce que nous avons dû abandonner.

2 **vu que:** angesichts der Tatsache, dass. • 7 **le semi-démagogue:** hier: stark lenkender Lehrer (*le démagogue:* Demagoge, Manipulator). • 7f. **à titre de:** im Hinblick auf. • 9 **une intervention:** Eingreifen; hier: Wortmeldung. • 10 **rendre justice** (f.) **à qc:** hier: etwas anerkennen. • **la pertinence:** Sachverstand, Sachkunde. • 11 **quitte à faire qc:** auf die Gefahr hin etwas zu tun. • 13 **aboutir à qc:** zu etwas führen; hier: vor etwas stehen. • 15 **la suppression:** Weglassen, Streichung (*supprimer qc:* etwas streichen, beseitigen). • 19 **au bout du compte:** letztendlich, alles in allem. • 19f. **éprouver qc:** etwas empfinden, (ver)spüren.

FRANÇOIS. Ça me regarde pas, mais ça m'intéresse. Anne Frank, par exemple, ça me raconte une expérience que je n'aurai jamais … Sa vie, je la vivrai jamais … Et la tienne non plus.

SOULEYMANE. Carrément!

Quelques rires commentent cette réponse.

FRANÇOIS. OK, dans ce cas, est-ce que quelqu'un peut essayer de dire ce qu'il y a de si difficile à raconter sa vie?

Après un long silence, Boubacar lève le doigt. Tout en lui donnant la parole, François lui fait signe d'enlever sa capuche.

FRANÇOIS. Oui, vas-y, Boubacar.

BOUBACAR. Ben, ça peut faire de la peine aux parents.

FRANÇOIS. Oui, tu as raison, aux parents et aux gens concernés …

NASSIM. Parce que ça rapporte pas de l'argent.

FRANÇOIS. Oui … Mais ça n'a pas un rapport direct avec le sujet … Oui, Angelica, on t'écoute …

ANGELICA. Ben, on la connaît pas toujours par cœur sa vie …

François a une petite hésitation comme s'il ne comprenait pas tout à fait ce qu'Angelica voulait dire.

5 **carrément** (fam.): in der Tat, ganz und gar. • 17 **rapporter qc:** etwas zurückbringen; hier (fig.): etwas einbringen.

FRANÇOIS. Justement, ça peut aider à faire le point, à réfléchir à ce qu'on a vécu, à qui on est …

BURAK (*exagérément indigné*). Oui mais moi, vous voyez, je fais le point de temps en temps, mais je le fais pour moi … Pas pour les autres, c'est personnel.

FRANÇOIS. Mais tu n'es pas obligé de révéler des choses que tu n'as pas envie de dire …

BURAK. Non parce que vous comprenez, vous nous demandez de parler de nous, mais vous on ne sait rien, alors c'est pas normal …

FRANÇOIS. Oui mais parce que je suis le professeur et que c'est un exercice pour vous …

BURAK. Ah voilà, c'est trop facile.

FRANÇOIS. Mais justement c'est à toi de voir ce que tu as envie de raconter de toi-même aux autres. Tu n'es pas obligé de tout dire.

BURAK. Ben j'espère bien.

FRANÇOIS. Mais en tout cas tu as raison, c'est une des difficultés à raconter sa vie …

Assis derrière Khoumba, qui fait toujours la tête, Nassim lève le doigt, puis bafouille quelque chose d'assez abscons. Devant l'incompréhension manifeste de François, il semble un peu désemparé.

NASSIM. Je sais pas comment dire …

FRANÇOIS. Prends ton temps.

1 **faire le point:** Bilanz ziehen. • 3 **indigné, e:** beleidigt, empört. • 20 **faire la tête:** den Beleidigten, die Beleidigte spielen, schmollen. • 21 **bafouiller:** stammeln, stockend reden, undeutlich sprechen. • 22 **abscons, e** (litt.): schwer verständlich. • **manifeste:** offensichtlich, deutlich. • 23 **désemparé, e:** hilflos, ratlos, verzweifelt.

NASSIM. J'l'ai dans ma tête mais j'sais pas comment l'dire.

Formule dont le livre faisait un gimmick, fort d'une expérience que tous les profs entérineront. En ménageant des plages d'improvisation pendant les scènes de cours, nous avions de grandes chances qu'elle sorte toute seule. Ce qui n'a pas manqué, même si cela n'a pas été retenu au montage.

Plus généralement, la raison pour laquelle nous obtenions presque toujours ce que nous avions écrit sans même le signaler aux acteurs, juste en

3f. **(être) fort, e de qc:** sich auf etwas stützen. • 4 **entériner qc:** etwas bestätigen. • 5 **ménager qn/qc:** jdn./etwas schonen; hier: etwas vorsehen, einrichten. • **la plage:** hier: Moment, Zeitabschnitt. • 7f. **ne pas manquer:** (den gewünschten) Erfolg haben.

lançant une situation, n'est pas forcément réjouissante: cela tient à l'accablante capacité du réel de l'école à se répéter à l'identique d'année en année, de jour en jour. Une faiblesse du quotidien devenue une force sur le tournage.

FRANÇOIS. Allez …

Long silence, encouragements de François.

NASSIM. Ben des fois, on est gêné.
FRANÇOIS. Ah ça, c'est intéressant, explique-toi!
NASSIM. Par exemple des fois, on a fait des choses on a honte.

François est d'un coup très excité par la tournure du débat.

FRANÇOIS. Très bien. Mais c'est intéressant, la honte, des fois.

Sa remarque ne semble pas convaincre les élèves qui affichent des moues sceptiques.

FRANÇOIS. Nassim, tu peux nous donner un exemple?
NASSIM. Non, j'sais pas, j'disais ça …

1 f. **réjouissant, e:** erfreulich, erheiternd. • 2 **tenir à qc:** von etwas herrühren. • **accablant, e:** niederdrückend, trostlos. • 3 **se répéter à l'identique:** sich immer in derselben Weise wiederholen. • 12 **d'un coup:** plötzlich, auf einen Schlag. • **la tournure:** Wendung, Entwicklung. • 17 **afficher qc:** etwas aushängen; hier: etwas zur Schau tragen.

Ses camarades viennent à son secours. Une bonne partie de la classe semble prise au jeu et les réponses fusent. On en remarque d'autant plus l'effacement des plus timides. Henriette, entre autres, terrorisée à l'idée d'être prise à partie, cherche à disparaître derrière son livre.

LUCIE. Quand on dit un mensonge.
DALLA. Quand on parle mal à son père, par exemple.
ARTHUR. Quand on sait pas une chose que tout le monde il sait …
FRANÇOIS. Oui, quoi par exemple?
ARTHUR. Ben j'sais pas, faire un devoir, j'sais pas.
FRANÇOIS. Oui, si vous voulez …
WEI. Quand quelqu'un il se moque de nous …
FRANÇOIS. OK …
ANGELICA. Quand on est quelque part qu'on devrait pas être, que tout le monde nous regarde.
FRANÇOIS. Oui, où par exemple?
ANGELICA. Ben … Dans un magasin, j'sais pas. Les gens ils te regardent et ils se disent «il est habillé comment celui-là?», que eux ils sont en costume et tout.
FRANÇOIS. Oui. D'autres idées?

Silence radio.

FRANÇOIS. Non? Parce que ça me semble très gentillet comme honte tout ça. Moi, je peux vous donner un exemple de vraie honte.

2 **(être) pris, e au jeu:** Geschmack an etwas gefunden haben. • 3 **d'autant plus:** umso mehr. • **un effacement:** Zurückhaltung. • 23 **le silence radio** (milit.): Funkstille, absolute Stille. • 24 **gentillet, te:** ganz nett; hier: harmlos.

Il semble hésiter un instant, rassemble ses souvenirs et se lance:

FRANÇOIS. J'avais douze ans je crois, et à cette époque j'étais pas très avancé, du moins sur certaines choses, sur d'autres oui mais sur certaines non, et tous les matins on s'retrouvait dans la cour avec trois filles et deux garçons, on était un petit groupe quoi, comme vous en formez dans la cour, bon, et parmi ces trois copines, il y en a une avec qui je crois j'aurais bien fait quelques trucs, mais à la rigueur cet aspect n'a pas d'importance, et un matin j'arrive, elle était pas là, et alors une des deux autres filles a dit que c'était normal, hier elle l'avait appelée et elle lui avait dit qu'elle avait mal au ventre, et alors l'autre garçon a dit: «Ah elle a ses règles?» Et la fille a dit: «T'as tout compris», et moi j'ai dit: «C'est quoi les règles?» Et là ils se sont regardés tous les deux l'air de dire: «C'est qui ce paysan?» Et voilà, à chaque fois que j'y repense, j'en frissonne de honte. Alors qu'en fait j'devrais pas. Y'a pas de honte.

Monologue frontal et suffoquant dans le livre, cette confidence n'a rien donné pendant la prise.

4 **avancé, e:** fortgeschritten; hier: entwickelt, reif. • 10f. **à la rigueur:** zur Not; hier etwa: bei Licht, genauer betrachtet. • 19 **frissonner:** frösteln, zittern, schaudern. • 22 **suffoquant, e:** atemberaubend, überwältigend; hier: packend (*suffoquer:* ersticken). • 23 **la confidence:** vertrauliche Mitteilung, Geheimnis.

C'est l'inconvénient de jouer un scénario tiré d'un livre lui-même tiré de la réalité. À un moment, on n'a plus de jus pour défendre le texte, passé par toutes ces étapes (à quoi il faudrait ajouter des lectures publiques) comme une chemise subissant plusieurs machines. Le prof-acteur ne croit plus à ce qu'il dit, il n'y est plus, et ses auditeurs-élèves non plus. Du coup, cette sortie tombe à plat. La scène a été supprimée au montage.

Il est interrompu par la sonnerie. Tout le monde semble soulagé.

FRANÇOIS. Bon, alors, sortez votre cahier de texte: ce que je vous propose pour la prochaine fois, c'est d'essayer de (*il ralentit le débit, comme pour une dictée*) faire son autoportrait en quelques lignes. (*Il écrit «autoportrait» au tableau, reprend son débit habituel.*) Un autoportrait c'est pas raconter sa vie, on est bien d'accord. C'est se présenter tel qu'on est maintenant, là, cette année.

1 **un inconvénient:** Nachteil. • 3 **le jus** (fam.): Strom, ‚Saft'; hier: Energie, Schwung. • **défendre qc:** hier: etwas lebendig erhalten. • 5 f. **subir qc:** etwas erleiden, erdulden; hier: etwas durchlaufen. • 6 **la machine:** hier: (Maschinen-)Waschgang. • 8 **du coup** (fam.): deshalb, folglich. • **la sortie:** hier: Monolog. • 9 **tomber à plat** (fig.): nicht ankommen, nicht wirken; fehlschlagen, danebengehen. • 12 **soulagé, e:** erleichtert (*le soulagement:* Erleichterung). • 13 **le cahier de texte:** Hausaufgabenheft. • 15 **le débit:** Sprechtempo, Redefluss.

DAMIEN (*écrivant la consigne sur son cahier de texte*). Vous pouvez répéter, monsieur?

FRANÇOIS. Faire son autoportrait, en quelques lignes.

DAMIEN (*toujours inquiet*). En combien de lignes, monsieur?

FRANÇOIS. Damien, c'est pas au poids que ça se mesure.

SANDRA. Oui, mais monsieur, c'est pas pareil si c'est en cinq lignes ou en trente.

FRANÇOIS. OK, en trente lignes alors.

DAMIEN. C'est trop long, monsieur.

FRANÇOIS. Tu verras, ça viendra tout seul. Pour l'instant, c'est pas la peine de trop soigner l'expression. C'est juste pour travailler dessus en cours la prochaine fois. Mais ce que je veux, c'est que vous écriviez un peu.

Pendant que la classe se vide bruyamment, Khoumba vient se planter devant le bureau de François. Sandra lui jette un coup d'œil complice au passage. Mécaniquement, Khoumba pose son carnet de correspondance sur le bureau. Mécaniquement, François l'ouvre et rédige le libellé de la punition assorti d'un mot pour les parents: «Raconter en cent lignes l'apprentissage du respect par une adolescente.»

1 **la consigne:** Aufgabenstellung. • 13 **soigner l'expression** (f.): sorgfältig formulieren. • 18 **se planter devant qn/qc** (fam.): sich vor jdn./etwas hinstellen. • 19 **complice** (adj.): komplizenhaft, verständnisinnig. • 20f. **le carnet de correspondance:** ‚Kontaktheft'; dient dem schriftlichen, formellen Kontakt zwischen Schule und Eltern, und zwar in beiden Richtungen. • 22 **le libellé:** Wortlaut. • **assorti, e de qc:** mit etwas versehen.

FRANÇOIS. À faire signer par les parents pour après-demain.

Mais il n'a pas l'intention de s'en tenir là. Tout en lui tendant le carnet, il poursuit:

FRANÇOIS. Ça va être toute l'année comme ça?
KHOUMBA. Toute l'année quoi?
FRANÇOIS. Excuse-toi.
KHOUMBA. Excuse de quoi? J'ai rien fait.
FRANÇOIS. Excuse-toi. Tant qu'tu t'es pas excusée j'te libère pas.

Khoumba semble hésiter entre sauver la face et rejoindre sa copine qui passe une moitié de tête dans l'embrasure de la porte.

FRANÇOIS. Bon, Sandra, tu fermes la porte, s'il te plaît.

Sandra s'exécute. François se retourne vers Khoumba, toujours aussi butée.

FRANÇOIS. Alors?
KHOUMBA. C'est bon j'ai pas à m'excuser, j'ai rien fait.

Khoumba tente de reprendre le carnet de correspondance des mains de François, mais celui-ci ne le lâche pas.

3 **s'en tenir à qc:** sich an etwas halten; hier: sich mit etwas zufriedengeben. • 10 **libérer qn:** hier: jdn. gehen lassen. • 11 **sauver la face** (loc.): das Gesicht wahren. • 12 **passer qc (par, dans, à travers qc):** etwas durch etwas stecken. • 13 **une embrasure:** Öffnung. • 16 **buté, e:** trotzig.

FRANÇOIS. Ça va pas non? Arrache-moi le bras pendant qu't'y es.

Elle se mure à nouveau.

FRANÇOIS. Qu'est-ce qui s'est passé, t'as appris des choses déplaisantes sur moi?

KHOUMBA. Pourquoi vous dites ça?

FRANÇOIS. J'sais pas, l'an dernier, on était copains, tu m'aimais bien et cette année tu m'pourris la vie, alors j'me dis qu'on t'a révélé des trucs pas bien sur moi.

KHOUMBA. Écoutez monsieur, peut-être que vous avez tout votre temps, mais pas moi. Il est tard, y'a ma mère qui m'attend.

FRANÇOIS. Elle attend que tu t'excuses.

KHOUMBA. Pardon.

Cette réponse semble lui arracher la bouche. François n'entend pourtant pas s'en tenir là:

FRANÇOIS. Pardon quoi?

KHOUMBA. Pardon c'est tout.

FRANÇOIS. Pardon quoi?

KHOUMBA. J'sais pas.

FRANÇOIS. Répète après moi: «Monsieur, je m'excuse d'avoir été insolente envers vous.»

KHOUMBA. J'ai pas été insolente.

1 **arracher qc:** etwas ausreißen. • 3 **se murer:** sich verschließen; hier: trotzig schweigen. • 5 **déplaisant, e:** unerfreulich, hässlich. • 8 **pourrir qc à qn** (fam.): jdm. etwas verderben; hier: jdm. etwas schwer machen. • 17 **entendre faire qc:** beabsichtigen etwas zu tun. • 23 **insolent, e:** respektlos, frech, unverschämt.

FRANÇOIS. J'attends: «Monsieur, je m'excuse d'avoir été insolente envers vous.»

KHOUMBA. Monsieur, je m'excuse d'avoir été insolente envers vous.

Encore une scène que les deux acteurs ont pris plaisir à jouer et donc à dilater. Pourtant, le moment originel avait été pénible à vivre. Rien de plus insupportable que la mauvaise foi dans la vie, et rien de plus jouissif à jouer. Qu'on trouve le film dur, triste ou joyeux, de toute façon il se sera fabriqué dans la joie pour toutes ces raisons. Sorte de rédemption par le jeu de situations qui plombent la vie de tous les acteurs de l'école. Ce n'est pas la thérapie par le théâtre – on ne connaît pas les conséquences durables de cette expérience –, c'est l'admirable capacité des gens à s'amuser de ce qui les mine.

Khoumba a récité mécaniquement, avec une ostensible absence de conviction. François finit par lui tendre le carnet qu'elle saisit avant de sautiller vers la porte. Au moment de disparaître dans le couloir, elle se retourne vers François et s'exclame:

6 **dilater qc:** etwas erweitern; hier: etwas ausgestalten, erweitern, ausbauen. • 7 **originel, le:** ursprünglich, anfänglich. • 9 **jouissif, -ive:** spaßig, amüsant. • 12 **la rédemption:** Erlösung. • 12 f. **plomber qc:** etwas belasten, schwer machen (*le plomb:* Blei). • 17 **miner qn:** jdn. zermürben, krank machen. • 20 **sautiller:** hüpfen. • 22 **s'exclamer:** ausrufen, herausschreien.

KHOUMBA. J'le pense pas.

François bondit de son bureau, mais trop tard. L'adolescente a déjà disparu dans le couloir, au milieu des gloussements de ses copines. D'énervement, François donne un coup de pied dans une chaise.

18. Salle de réunion. Intérieur nuit.

Il fait nuit. On est dans la salle de réunion. Les tables ont été installées en fer à cheval. Cinq ou six profs, un membre de l'administration, des parents d'élèves, deux élèves (un garçon et une fille, des troisième) sont présents.

LE PRINCIPAL. L'avantage du système de points, c'est celui du permis voiture: l'élève sait quand la sanction va tomber et c'est une incitation à se calmer.

UNE DÉLÉGUÉE DE PARENTS D'ÉLÈVES. Oui enfin si je peux me permettre, on constate que comme d'habitude, les élèves sont sanctionnés et pas valorisés. Ils ont des points au départ, et tout ce qui peut leur arriver c'est de perdre quelque chose. Dans ce collège, on ne souligne jamais les choses positives qui viennent des élèves.

2 **bondir:** aufspringen. • 4 **le gloussement:** Glucksen, Kichern. • 5 **le coup de pied** (m.): (Fuß-)Tritt. • 8 **le fer à cheval** (m.): Hufeisen. • 13 **le permis voiture** (f.): Führerschein. • 14 **une incitation:** Anreiz, Anstoß. • 15 **le délégué / la déléguée de parents d'élèves:** Elternvertreter(in). • 17 **sanctionner qn:** jdn. bestrafen. • **valoriser qn:** jdn. (psychol.) aufwerten, aufbauen.

SOPHIE. Pour ça, il y a les notes, et les passages. Faut pas exagérer, les élèves sont valorisés par leur réussite, tout simplement.

LA CPE. Moi, en tant que CPE, je suis plutôt d'accord qu'il faut valoriser, mais là, si les élèves ont la possibilité de gagner des points et qu'ils se retrouvent à trente-quatre points, ça leur fait une marge énorme de bêtises à faire …

Elle sourit en disant cela et déclenche d'autres sourires, dont celui de François, également présent en tant que membre du conseil d'administration.

FRED. Mais sans aller jusque-là, le simple fait qu'ils aient six points au départ, ça leur laisse tout simplement la possibilité de s'agiter sans être sanctionnés lourdement. Ça fait que certains comportements ne sont pas véritablement sanctionnés, ça habitue à une impunité très très dangereuse. Non, moi, ce permis, je crois que c'est l'exemple même de la fausse bonne idée.

LE PRINCIPAL. Il faudrait peut-être inventer une sanction qui lui fasse perdre tous les points d'un coup, mais dans ce cas autant pas d'histoire de points du tout, enfin c'est compliqué.

1 **le passage:** hier: Versetzung in die nächsthöhere Klasse. • 4 **CPE:** *le conseiller / la conseillère principal(e) d'éducation* (f.): ausgebildete(r) pädagogische(r) Betreuer(in), der/die für die Aufsicht und Beratung außerhalb des Unterrichts verantwortlich ist. • 7 **la marge:** Spielraum. • 9 **déclencher qc:** etwas auslösen, verursachen. • 11 **le conseil d'administration (CA):** Verwaltungsrat (einer Schule). • 17 **une impunité:** Straflosigkeit.

Un silence.

FRANÇOIS. Honnêtement, je suis d'accord avec vous, je vois bien la nécessité de poser une règle commune, mais là je crois qu'il vaut mieux s'adapter, sinon on se crée des problèmes.

FRED. Pas d'accord. C'est toujours pareil: ou tu fixes des règles et tu sanctionnes si elles sont pas respectées, ou tu en fixes pas du tout, ça en revient strictement au même.

FRANÇOIS. Oui mais tu sais bien que si tu poses une frontière trop stricte entre la règle et le non-respect de la règle, tu t'exposes à pas tenir compte de plein de trucs, et tu te crées plus de problèmes que tu en résous.

LE PRINCIPAL. Non non, mais c'est vrai que la question est complexe ... De toute façon, je ne vous demande pas de trancher tout de suite. Simplement c'était bien qu'on en parle un petit peu aujourd'hui, avant de l'inscrire au vote au CA de printemps. (*Il regarde sa montre.*) Il faudrait qu'on enchaîne, sinon on y est encore à minuit, ce serait une joie pour moi, mais je ne suis pas sûr que tout le monde soit de mon avis. Et surtout je ne voudrais pas que nous passions outre la question essentielle de cette ré-

2 **honnêtement:** ehrlich gesagt. • 4 **s'adapter:** sich anpassen; hier: flexibel reagieren. • 6 **c'est toujours pareil:** es ist immer dasselbe. • 8f. **en revenir à qc:** auf etwas hinauslaufen. • 12 **s'exposer à faire qc:** Gefahr laufen etwas zu tun. • **tenir compte de qc:** etwas berücksichtigen. • 17 **trancher:** entscheiden, eine Entscheidung treffen. • 19 **inscrire qc au vote:** etwas auf die Tagesordnung setzen. • 24 **passer outre (à) qc:** etwas übergehen, beiseitelassen.

union: les enseignants souhaitent évoquer le problème de la machine à café. Sur ce point, je laisse la parole à M. Pierre, qui va nous faire un état des finances dans ce domaine.

M. Pierre, l'intendant, prend timidement la parole. On sent pourtant que rien ne pourra l'arrêter.

L'INTENDANT. Concernant la machine, il faut savoir qu'elle a été installée au cours de l'exercice 2001, car la précédente, qu'il fallait alimenter régulièrement, et qui de ce fait nécessitait les services d'une entreprise sous-traitante, n'était pas rentable.

Habitués aux interventions interminables de l'intendant, les auditeurs échangent des regards embarrassés que M. Pierre, les yeux rivés sur ses notes, ignore superbement.

L'INTENDANT. Cela dit, l'actuelle machine s'est elle-même révélée déficitaire, ce qui nous a conduits à augmenter de dix centimes le prix de la boisson, qui s'élève en conséquence à cinquante centimes. Il est

3 **faire un état de qc:** eine Aufstellung von etwas machen, einen Überblick über etwas geben. • 5 **un intendant / une intendante:** Verwalter(in). • **timidement:** hier: leise, zurückhaltend. • 8 **un exercice:** hier: Haushalts-, Geschäftsjahr. • 9 **précédent, e:** vorig, vorhergehend, früher. • **alimenter qc:** hier: etwas auffüllen. • 11 **une entreprise sous-traitante:** Subunternehmen. • 13 **embarrassé, e:** peinlich berührt. • 14 **avoir les yeux rivés sur qc:** etwas fest im Blick behalten. • 14f. **superbement:** grandios; hier: völlig. • 16f. **se révéler** (+ adj.): sich erweisen als. • 17 **déficitaire:** defizitär, verlustträchtig, unrentabel. • **conduire qn à faire qc:** jdn. dazu bringen etwas zu tun. • 19 **s'élever à:** sich belaufen auf, betragen.

donc, en l'état, inenvisageable de revenir à l'ancienne formule, qui ne permet jamais d'équilibrer les comptes.

19. Salle de réunion, couloir. Intérieur nuit.

Réunis autour du maigre buffet, tous les participants de la réunion sirotent une coupe de champagne. Entre deux cacahuètes, chacun commente la réunion. François s'échappe rapidement pour aller fumer une cigarette dans la cour.

20. Cour. Extérieur nuit.

François allume sa cigarette au milieu de la cour déserte, juste éclairée par les fenêtres de la salle de réunion. Fred sort à son tour, son cartable à la main, pour rentrer chez lui.

FRED. Oh putain, j'avais pas vu l'heure. Il faut que je me dépêche.

FRANÇOIS. Ouais, c'est trop long ces réunions.

FRED. Tu pars pas, toi?

1 **en l'état (des choses):** in dieser Situation. • **inenvisageable:** undenkbar, unmöglich. • 2 **la formule:** Formel; hier: Lösung. • 2f. **équilibrer les comptes:** die Zahlungsbilanz ausgleichen; hier: rentabel arbeiten (*le compte:* Konto; Zahlungsbilanz). • 6 **siroter qc** (fam.): etwas (in aller Ruhe) trinken. • **la coupe de champagne:** Glas Champagner. • 7 **la cacahuète, cacahouète:** Erdnuss. • 13 **le cartable:** Schultasche.

FRANÇOIS. Si si, je vais pas tarder. Tu veux une clope?

FRED. Allez ouais. De toute façon, je suis crevé, là … En plus, aujourd'hui, je me suis encore frité avec Souleymane. Je sais pas comment ça se passe pour toi, mais moi, je commence à avoir pas mal de soucis avec lui.

FRANÇOIS. Souleymane?

FRED. Attends, il fout rien, les trois quarts du temps il a pas ses affaires, ça va bien …

FRANÇOIS. Ben … C'est vrai qu'il s'intéresse pas à grand-chose …

FRED. C'est surtout qu'il est de plus en plus arrogant.

FRANÇOIS. J'ai pas vraiment noté.

FRED. Mine de rien, avec ses airs de pas être là, il fout une ambiance de merde dans la classe.

FRANÇOIS. Non, je trouve pas qu'il soit si influent. Il est là, c'est comme un poids neutre quoi.

Cette réponse fait sourire Fred.

FRED. En même temps t'es prof principal, il fait pas le malin avec toi.

François rétorque avec un poil de provocation:

1 **tarder:** trödeln. • **la clope** (fam.): Zigarette. • 2 **crevé, e** (fam.): fix und fertig, erledigt. • 3 **se friter avec qn** (fam.): sich mit jdm. streiten, mit jdm. aneinandergeraten. • 8 **foutre qc** (fam.): etwas tun, machen. • 13 **j'ai pas noté** (fam.): das ist mir nicht aufgefallen. • 14 **mine de rien** (fam.): als ob nichts wäre, ganz unauffällig; auch wenn es nicht so aussieht. • **un air:** Miene, Gesichtsausdruck. • 17 **le poids neutre:** Ballast. • 19 f. **faire le malin, la maligne:** sich aufspielen (*malin, maligne:* schlau, pfiffig, gerissen). • 21 **rétorquer:** erwidern. • **un poil de:** ein wenig, eine Spur von.

FRANÇOIS. Oui, peut-être …

Leur conversation est interrompue par un groupe de profs qui traversent la cour en les saluant.

FRED. Bon, faut que j'y aille, là. Merci pour la clope.

Fred quitte le collège. François éteint sa cigarette et entre dans le bâtiment.

Il nous semblait important d'installer très tôt l'opposition entre François et Fred, pour que les enjeux pédagogiques soient bien dessinés et pour que la confrontation de la fin au sujet de la pertinence du conseil de discipline soit claire. Nous voyions cette traversée de la cour comme une scène de genre, la cigarette partagée par deux cow-boys autour d'un feu (nous l'appelions d'ailleurs entre nous la «scène du feu de camp»). Cette paix des braves devait dessiner en creux l'antagonisme dont nous craignions qu'il ne soit pas perçu par les spectateurs. Le premier montage nous a convaincus de son inutilité. Elle avait d'ailleurs été très dure à tourner. Les acteurs (et

5 **éteindre qc:** hier: etwas ausdrücken. • 7 **installer qc:** etwas einrichten; hier: etwas in Szene setzen. • 8f. **un enjeu pédagogique:** pädagogisches Ziel (*un enjeu:* Einsatz; fig.: Herausforderung). • 11 **le conseil de discipline** (f.): Disziplinarkonferenz. • 15 **le feu de camp:** Lagerfeuer. • 16 **le brave:** etwa: der Held. • **dessiner qc en creux:** etwas herausarbeiten. • 17 **un antagonisme:** Antagonismus, Gegensatz. • 18 **percevoir:** verstehen, auffassen, wahrnehmen.

c'est la seule et unique fois que cela s'est produit) ne parvenaient pas à y être tout à fait justes, et nous avons tourné trois versions différentes (deux en travelling et une en plan fixe) sans parvenir à être réellement convaincus. La scène semblait résister, ce qui est toujours mauvais signe. C'était la dernière nuit de tournage, nous aurions pu finir plus tôt.

Finalement, l'opposition François/Fred est tout aussi explicite sans cette scène. Et il est toujours plus intéressant qu'un élément thématique et scénaristique comme celui-ci traverse une situation dont il n'est pas le centre (en l'occurrence le conseil de classe ou le CA), plutôt qu'il en soit l'enjeu unique (genre: attention j'ai quelque chose à faire passer). Devoir d'un seul coup porter sur ses épaules un discours est aussi plus crispant pour l'acteur. Soudain, il est tenté de mettre beaucoup d'intentions, chose qui, au cinéma, ne pardonne pas.

2 **parvenir à (faire) qc:** etwas schaffen, fertigbringen. • 4 **le travelling** (tech.): Kamerafahrt. • **le plan fixe** (tech.): feste Einstellung, Aufnahme mit unbewegter Kamera und ohne Zoom. • 10 **explicite:** explizit, deutlich, klar erkennbar. • 17 **le discours:** Rede, Monolog. • **crispant, e:** unerträglich, nervtötend. • 18 **être tenté, e:** versucht sein. • 19 f. **qc ne pardonne pas:** etwas ist untragbar, verhängnisvoll, nicht wiedergutzumachen.

21. Couloir. Intérieur nuit.

On retrouve François seul, traversant un long couloir sombre alors que les bruits de la petite fête s'estompent.

22. Salle des profs. Intérieur nuit.

Il pousse la porte de la salle des profs. Deux femmes de ménage, qui étaient en train de discuter tranquillement, reprennent leur matériel en s'excusant. Il leur dit qu'elles peuvent rester, mais les deux femmes se sont déjà éclipsées dans le couloir. François ouvre son casier et en retire un paquet de feuilles sur lequel on retrouve la mandarine en équilibre. François remet le fruit au fond du casier et sent machinalement la première feuille avant de la lire. Il s'agit de la punition de Khoumba. On en déchiffre juste le titre, écrit en gros caractères: «Le respect».

Un adolescent apprend peu à peu à respecter ses professeurs à cause des menaces de ceux-ci ou en ayant peur d'avoir des problèmes. Ce ne sont que des exemples. Et déjà moi je vous respecte, et le respect doit être mutuel. Comme par exemple je ne vous dis pas que vous êtes hystérique alors pourquoi vous me le dites?

3 f. **s'estomper:** verblassen; hier: leiser werden, verklingen. • 8 **le matériel:** Gerätschaften, Ausrüstung. • 10 **s'éclipser:** verschwinden. • 12 **être (marcher) en équilibre:** balancieren. • 15 **déchiffrer qc:** etwas entziffern. • 15 f. **les gros caractères:** Großbuchstaben. • 18 **la menace:** Drohung.

Moi je vous ai toujours respecté donc je ne comprends pas pourquoi vous me faites écrire tout ça! De toute manière, je sais que vous avez une dent contre moi mais je ne sais pas ce que j'ai fait. Moi je ne viens pas à l'école pour que mon professeur me fasse des blagues pour je ne sais quelle raison! Moi je prends votre agenda? NON! Je suis votre élève et vous êtes mon professeur. Donc je ne vois pas pourquoi vous me faites des blagues. Vous devez enrichir nos connaissances en français. Ma résolution est de me mettre à tous les cours au fond comme ça il n'y aura plus de conflit «pour rien» à part si vous me «cherchez». J'avoue être PARFOIS insolente mais si on ne me cause pas je ne le suis pas. Bon, je reviens au sujet demandé. Quand je dis «à cause des menaces de ceux-ci» c'est par exemple vous avez écrit dans mon carnet «je serai obligé de prendre des mesures plus graves» eh bien ça c'est une menace (selon moi!). Et lorsque je dis «en ayant peur d'avoir des problèmes» c'est-à-dire que cette personne a peur d'aller dans le bureau du principal ou d'être renvoyée. Moi, en tout cas, je m'engage à vous respecter si c'est RÉCIPROQUE. De toute façon, je ne vous regarderai même pas pour ne pas que vous dites que je vous regarde avec insolence. Et normalement dans un cours de français, on doit parler du français et pas de sa grand-mère ou de sa sœur ou des règles des filles. C'est pour ça à partir de maintenant je ne vous parlerai plus.

3 **avoir une dent contre qn** (loc.): etwas gegen jdn. haben. • 9 **enrichir qc:** etwas anreichern; hier: etwas erweitern. • 12 **chercher qn** (fam.): hier: jdn. herausfordern, provozieren, mit jdm. Streit suchen. • 12f. **parfois:** manchmal, zuweilen. • 13 **causer (à) qn** (fam.): jdn. ansprechen, mit jdm. sprechen • 20 **renvoyer qn:** hier: jdn. von der Schule verweisen. • 22 **réciproque:** gegenseitig.

23. Cour. Extérieur jour.

Sur la voix de Khoumba finissant de lire le texte de sa punition, on peut voir François à la fenêtre de la classe, qui regarde des élèves et leur prof de gymnastique dans la cour.

24. Classe. Intérieur jour.

La voix de Khoumba continue. Tandis que François est à la fenêtre, les élèves de la classe rédigent leur autoportrait avec plus ou moins d'application. Certains ont *Le Journal d'Anne Frank* ouvert sur leur table. D'autres rêvassent ou discutent en sourdine. Sur le tableau noir, on peut lire: «Je rédige mon autoportrait.»

François passe de table en table, donnant des conseils aux uns et aux autres. Il approche de Sandra assise seule au fond de la salle.

FRANÇOIS. Qu'est-ce que tu fais à cette place? T'as changé?
SANDRA. Oui.
FRANÇOIS. Pourquoi, y'a un problème?

Il se retourne vers Khoumba, qui détourne rapidement le regard.

9 **une application:** Fleiß, Eifer. • 11 **rêvasser** (péj.): vor sich hin träumen. • **en sourdine:** leise, gedämpft, halblaut (*la sourdine:* Dämpfer). • 20 **détourner qc:** etwas entwenden, entführen; hier: etwas abwenden.

SANDRA. Ah non, y'a aucun problème avec moi.

François regarde sa montre.

FRANÇOIS. Bon, on va dire que c'est fini.

DAMIEN. Non, m'sieur, j'ai pas eu le temps de recopier.

FRANÇOIS. Ça n'a pas d'importance, Damien. D'ailleurs, c'est toi qui vas commencer. Tu vas nous lire ton texte.

DAMIEN. Oh non.

FRANÇOIS. Allez, vas-y.

DAMIEN. Non, vous allez dire c'est pas bien.

FRANÇOIS. J'ai l'habitude de dire ça moi? En plus là, il y'a pas de bien et pas bien … Allez, vas-y, on verra bien.

DAMIEN. C'est trop nul c'que j'ai fait. Tellement c'est nul j'comprends même pas c'que j'ai écrit. Moi j'veux pas commencer.

FRANÇOIS. De toute façon, vous allez tous y passer.

AGAM. Vous avez dit c'est un travail pour soi-même.

François ignore la remarque.

FRANÇOIS. Allez, vas-y Damien.

DAMIEN. Pourquoi c'est toujours moi je commence?

FRANÇOIS. Parce que t'es plus courageux qu'les autres, allez, fais-moi pas mentir.

Damien se lance.

DAMIEN. Tony Parker est le meilleur basketteur. C'est pour ça il joue en Amérique. Il est petit mais il court

17 **y passer** (fam.): hier: an die Reihe kommen.

vite et il fait des magnifiques shoots à 3 points. Mais en fait il est grand. Quand il est à côté du journaliste, c'est le journaliste qui est petit. Signé: Damien.

FRANÇOIS. Donc, Tony Parker, c'est toi?

Damien ne comprend pas.

FRANÇOIS. Là, ce que tu viens de faire, c'est un portrait, pas un autoportrait. C'est de toi qu'il faut parler … Tu comprends?

DAMIEN. Oui …

Il se met aussitôt à barrer pour corriger comme s'il s'agissait d'une faute d'orthographe.

> Fragment de scène dont a finalement hérité Agam, mais qui fut supprimé au montage. Il y a quelque chose d'embarrassant à mettre dans la bouche d'un ado un texte qui en fait un imbécile, ou même seulement un élève un peu paumé (qui, ici, confond portrait et autoportrait). Autant le livre ressemblait parfois, et presque malgré lui, à ces douteux recueils de perles qui s'éditent chaque année, autant le film n'a que peu croisé cette ligne. Tant mieux.

1 **le shoot** (angl.): Wurf; Schuss (beim Sport). • 11 **barrer qc:** etwas durchstreichen. • 15 **embarrassant, e:** unangenehm. • 17 **paumé, e** (fam.): etwa: ‚von der Rolle'. • 20 **douteux, -euse:** zweifelhaft, minderwertig, unsicher. • **le recueil:** Sammlung. • **s'éditer:** herausgegeben werden. • 21 f. **croiser une ligne:** eine Grenze überschreiten.

BOUBACAR. M'sieur vous l'connaissez Tony Parker?

FRANÇOIS. Ben non, vu que j'habite sur Neptune … Bon, allez, qui d'autre?

SANDRA. Moi, monsieur …

FRANÇOIS. Oui Sandra.

SANDRA. Je m'appelle Sandra, j'ai treize ans et des problèmes au genou car j'ai grandi trop vite. J'aime bien l'école, surtout le français et l'histoire, quand on apprend comment les humains ont construit le monde dont nous vivons aujourd'hui. Je voudrais être médecin humanitaire car un jour un médecin humanitaire m'a parlé de son métier et j'ai su que c'était ça qu'il faut faire. J'en dis pas plus, je vous laisse juger par vous-mêmes.

Suit une série d'autoportraits lus par leurs auteurs.

EVA. Je m'appelle Eva, j'ai quatorze ans et je suis heureuse de vivre même si le deuxième trimestre, je suis toujours fatiguée. Plus tard je voudrais être institutrice. J'aimerais être en maternelle, comme ça il y a moins de travail, une feuille et un feutre ça les occupe toute la journée. Non, je rigole, c'est juste que j'aime beaucoup les enfants et aussi les livres d'amour.

BOUBACAR (*retirant instinctivement sa capuche*). Ma vie est normale. Il n'y a rien à dire. Mon pays est le Mali. J'habite avec mes parents et mes frères au 15 de la rue Clavel. On se dispute souvent. Je vais au collège et quand je vais pas au collège je joue à la

9 **un (être) humain:** ein menschliches Wesen, Mensch. • 20 **le feutre:** Filzstift.

PlayStation 2. Le week-end, je fais du foot avec mes copains ou je sors. Je suis fier, parce que cette année, le Mali va participer à la Coupe d'Afrique. Ils tombent avec la Libye, l'Algérie et le Mozambique. Aussi, je voudrais réussir ma vie plus tard dans la clim'. Les gens disent que j'ai mauvais caractère, c'est vrai mais ça dépend comment on me respecte. Sinon rien, ma vie est tranquille et les problèmes avec la police sont normal.

Du fond de la classe une voix retentit, offusquée:

LA VOIX. Normaux!

Burak lit son portrait, qui est en fait une pure invention d'un personnage de steward qui passe sa vie entre Paris et New York, entouré de jolies filles et de stars.

FRANÇOIS. Bon, c'est très joli comme roman-photo … Bon allez, quelqu'un d'autre?

WEI. Je m'appelle Wei. J'ai quinze ans, je suis un Chinois. J'habite au 34, rue de Nantes 75019 avec mes parents et j'allais à l'école avec mes copains, je suis en quatrième 2 et c'est un peu difficile pour moi comme je ne parlais pas très bien français. J'arrivais en France le 1er février 2001. En Chine, j'étais en cours de mathématiques, ma grand-mère elle venait de m'annoncer que j'allerais faire des études en

4 **tomber avec qn** (fam.): eigtl.: *tomber sur qn:* hier: auf jdn. treffen. • 6 **la clim'** (fam.): *la climatisation*: hier wohl: Bau von Klimaanlagen (*la climatisation:* Klimaanlage). • 10 **offusqué, e:** ärgerlich, verärgert. • 24 **annoncer qc à qn:** jdm. etwas mitteilen, eröffnen.

France. Elle a dit: «Tu es grand garçon Wei.» J'étais très content mais parfois j'étais triste parce que j'allerais quitter mes grands-parents et mes amis. Après un long temps d'avion, j'arrivais en France. C'est un pays libertin et humanité. Mes bien points est je suis gentille et travailleur. Mes mauvaises points est je suis curieux.

FRANÇOIS. Très bien, Wei …

Il était clair, au stade du scénario, que ces autoportraits extraits du livre étaient donnés à titre purement indicatif, et que devaient s'y substituer les véritables autoportraits que nous demande-

11 **indicatif, -ive:** richtungsweisend, richtungsgebend; hier: zur Kenntnisnahme, informativ. · **se substituer à qc:** an die Stelle von etwas treten.

rions aux acteurs de rédiger pendant le tournage. Certains y ont d'ailleurs mêlé avec beaucoup d'intelligence leur propre personnalité et celle des personnages qu'ils interprètent.

Wei, parlant de sa difficulté à communiquer avec les autres, ou Esméralda-Sandra, annonçant très sérieusement qu'elle voulait devenir flic ou rappeuse, nous ont suffisamment convaincus pour nous faire oublier une nouvelle fois le scénario. Notons que la vocation de «policière» d'Esméralda a tout de suite été intégrée par Franck-Souleymane qui rebondit instantanément dessus lors de la dispute qui suit en la traitant de «keuf» avec un mépris très appuyé.

Évidemment, il y a là comme une mise en abyme de la méthode générale. Ou l'on fait dire des répliques à des élèves, comme on le ferait avec des acteurs pros, ou l'on reste ouvert à leur personnalité réelle, aux suggestions spontanées de la prise – comme du reste l'ont souvent fait les cinéastes naturalistes, moins soucieux de filmer un scénario que de documenter un présent de tournage. Le film en vient ainsi à documenter, non l'école, mais ce présent-là: des gens en train de jouer à l'école.

2 **mêler qc à qc:** etwas mit etwas vermengen, vermischen. • 4 **interpréter qc:** etwas verkörpern, darstellen. • 10 **la vocation:** Berufung; hier: Berufswunsch. • 11 **intégrer qc:** sich etwas zu eigen machen, etwas aufnehmen. • 12 **rebondir:** abprallen; hier: heftig reagieren. • 13 **le keuf** (verlan): *flic, policier.* • 15 **la mise en abyme** (auch: *abîme*): modellhafte Darstellung (*un abîme:* Kluft, Abgrund). • 19 **la suggestion:** Vorschlag. • 21 **soucieux, -euse de qc:** besorgt um etwas. • 22 **le présent de tournage:** etwa: der Moment des Drehens.

Il balaye des yeux la classe. Son regard s'arrête sur Souleymane.

FRANÇOIS. Souleymane.
SOULEYMANE. Oui?
FRANÇOIS. Aurais-tu l'obligeance de bien vouloir nous lire ton texte?

L'adolescent, affalé sur sa chaise, se redresse en prenant tout son temps.

SOULEYMANE. Je m'appelle Souleymane et j'ai rien à dire sur moi car personne me connaît sauf moi.

Après un silence, François lance ironiquement:

FRANÇOIS. Superbe ... Un peu long peut-être, mais bien.

Ça déclenche quelques rires. Sandra ne peut s'empêcher de se moquer de Souleymane:

SANDRA. C'est pas qu'il a rien à dire, c'est qu'il sait pas écrire.

Pour toute réponse, Souleymane lui montre du doigt un tatouage qu'il a dans le cou, une calligraphie arabe.

5 **une obligeance** (litt.): Freundlichkeit. • **bien vouloir faire qc:** so freundlich sein etwas zu tun. • 7 **affalé, e:** zusammengesunken. • **se redresser:** sich aufrichten. • 19 **le tatouage:** Tätowierung, Tatoo. • **la calligraphie:** Kalligraphie; Kunst der Schönschrift, sehr gepflegt im arabischen Kulturraum, u. a. wegen des aus dem Koran abgeleiteten Verbots der bildlichen Darstellung.

SANDRA. Arrête de nous soûler avec ton tatouage …
SOULEYMANE. J'ai rien à ajouter.
SANDRA. Arrête de te la péter …

François s'approche et essaie de voir le tatouage.

FRANÇOIS. Pourquoi? C'est quoi ce tatouage?
SANDRA. Il dit c'est le Coran, monsieur.

Souleymane s'indigne:

SOULEYMANE. Ben oui, c'est le Coran.
FRANÇOIS. Et ça dit quoi?

Souleymane est embarrassé d'en avoir trop dit et d'être obligé de donner des explications.

SOULEYMANE. Ça dit rien.
SANDRA. Si, m'sieur ça dit quelque chose, il nous l'a dit Souleymane.
FRANÇOIS. Alors?

Boubacar vient à son secours.

BOUBACAR. Ça veut dire «Tais-toi», ou «Ferme ta bouche», ou quelque chose comme ça.
SOULEYMANE. N'importe quoi, l'autre!
BOUBACAR. Ben ça veut dire quoi, alors?
SOULEYMANE. Ta gueule, t'es trop con.

1 **soûler qn** (fam.): jdn. betrunken machen; hier: jdm. auf die Nerven gehen. • 3 **se la péter** (fam.): angeben, großtun. • 7 **s'indigner:** entrüstet sagen. • 21 **ta gueule** (vulg.): Schnauze! • **t'es trop con** (vulg.): etwa: du bist einfach zu blöd!

FRANÇOIS. Non mais moi, ça m'intéresserait vraiment de savoir.
SOULEYMANE. Pourquoi vous voulez savoir?
FRANÇOIS. Parce que je m'intéresse beaucoup aux tatouages.

Souleymane hésite un instant:

SOULEYMANE. Ça veut dire … «Si ce que tu as à dire n'est pas plus important que le silence, alors tais-toi.»
BOUBACAR. Ben c'est c'que j'ai dit.
SOULEYMANE. Non, c'est pas la même chose.
FRANÇOIS. Et pourquoi c'est pas la même chose?
SOULEYMANE. J'sais pas moi, c'est pas pareil, c'est plus beau …
FRANÇOIS. C'est mieux dit …
SOULEYMANE. Voilà.
FRANÇOIS. En tout cas, c'est déjà beaucoup plus intéressant que ce que tu as mis dans ton texte.

Le texte final – «Si seulement tu pouvais écrire sur ta feuille des choses aussi intéressantes que sur ton bras» – est plus conforme à la rhétorique de ce prof, qui préférera toujours une gentille vanne à un énoncé un peu abstrait et paternaliste, comme

21 **être conforme à qc:** einer Sache entsprechen. • **la rhétorique:** Rhetorik; hier: Sprechweise. • 22 **la vanne:** Schleusentor; hier (fam.): Witz, Scherz. • 23 **un énoncé:** Wortlaut, Formulierung. • **paternaliste:** von oben herab.

celui que produit le scénario. Le fait de «charrier» est souvent une façon paradoxale de remettre de l'égalité. Méthode diversement appréciée par les élèves, comme il apparaîtra plus loin.

L'adolescent, grand seigneur, reprend sa position habituelle, affalé sur sa chaise.

On frappe à la porte. C'est le principal, qui vient présenter à la classe un nouvel élève, Carl. Face à l'immobilité des élèves, le principal met les choses au point:

LE PRINCIPAL. Je vous rappelle que quand un adulte rentre dans une classe, vous êtes censés vous lever. C'est simplement une façon de dire bonjour à l'adulte qui rentre, c'est tout. Il ne faut pas le prendre comme une humiliation.

La classe se lève à contrecœur.

LE PRINCIPAL. Alors voilà, je vous présente Carl, un nouveau camarade qui sera avec nous jusqu'à la fin de l'année. J'espère que vous saurez l'accueillir comme il faut.

François désigne la salle à Carl:

3 **diversement:** unterschiedlich. • **apprécier qc:** etwas schätzen, lieben. • 4 **plus loin:** hier: weiter unten, später. • 5 **grand seigneur:** hier: überheblich (*le seigneur:* adeliger Herr[scher]). • 9 **mettre les choses au point:** die Dinge klarstellen. • 14 **une humiliation:** Demütigung, Erniedrigung. • 15 **à contrecœur:** widerwillig. • 20 **désigner qc à qn:** jdm. etwas weisen, zeigen.

FRANÇOIS. Tiens, tu vas t'asseoir là au deuxième rang, si Nassim veut bien enlever son sac.

Pendant que le principal prend congé, l'adolescent s'exécute mollement, sous le regard intrigué des autres élèves.

25. Classe. Intérieur jour.

C'est la fin du cours. Alors que tous sortent de la classe, François fait signe à Carl de rester un moment. Le garçon est vaguement inquiet.

FRANÇOIS. Je suis ton professeur principal, donc tu sais que si tu as un problème quelconque, tu peux venir me voir.

CARL. Oui

Maintenant que les autres élèves sont sortis, François adopte un ton plus confidentiel:

FRANÇOIS. Le principal m'a un peu parlé de toi.

Carl semble embarrassé.

FRANÇOIS. Je voulais juste que tu saches que je sais pourquoi tu es ici, mais que pour moi, c'est de l'histoire ancienne.

3 **prendre congé** (m.): sich verabschieden. • 4 **intrigué, e:** neugierig, interessiert. • 11 **quelconque:** irgendein. • 15 **confidentiel, le:** vertraulich (*la confidence:* vertrauliche Mitteilung).

CARL. Oui monsieur.

FRANÇOIS. Ben, très bien. Ça veut dire qu'on repart sur de nouvelles bases.

CARL. Oui monsieur.

FRANÇOIS. Tu sais, ce n'est pas la peine de me dire «monsieur» à chaque fois que tu t'adresses à moi … Bon, là j'ai demandé aux autres d'écrire leur autoportrait, et ce serait bien, juste pour qu'on fasse connaissance, que tu m'écrives le tien aussi. Pour la prochaine fois qu'on se voit.

CARL. Oui …

FRANÇOIS. C'est quand la prochaine fois, tu sais?

Carl sort son carnet et regarde au dos.

CARL. C'est jeudi à 9 h.

FRANÇOIS. Alors tu as deux jours pour trente lignes.

CARL. Oui, m'sieur, au revoir.

Carl se dirige vers la porte …

FRANÇOIS. Tu vois ce que c'est, un autoportrait?

CARL. Ouais.

FRANÇOIS. Dis-moi, alors.

CARL. Non en fait j'sais pas.

FRANÇOIS. Alors, il faut que tu me le dises, quand tu ne comprends pas. Moi, je ne peux pas deviner, je ne sais pas ce que vous avez fait avec ton prof. Un autoportrait, c'est un petit texte dans lequel tu décris ta personnalité, ce que tu aimes, tes loisirs, tes envies, des choses comme ça, d'accord?

5 **ce n'est pas la peine:** es lohnt sich nicht; hier: es ist nicht notwendig.

Lors de la première prise de cette scène, Carl, qui savait effectivement ce qu'est un autoportrait, a oublié son texte et répondu d'un simple «Oui», avant de fermer la porte sur lui. Le calme souriant qu'il affichait alors était bien plus en accord avec ce que la séquence cherchait à construire (la timidité du «nouveau») et créait un personnage dont la sérénité nous a plus convaincus que cette ignorance à laquelle nous l'avions assigné, désirant pointer les stratégies de dissimulation des élèves un peu en retard. Carl en ressort plus fort et plus attachant.

CARL. D'accord.
FRANÇOIS. Pour jeudi, d'accord?
CARL. Ouais c'est bon.

26. Balcon de la salle des profs. Extérieur jour.

François boit un café sur la terrasse de la salle des profs avec quelques collègues.

1 **lors de:** bei, anlässlich, während. • 2 **effectivement:** wirklich, tatsächlich. • 8 **la sérénité:** Heiterkeit; Gelassenheit, Unbefangenheit (*serein, e:* gelassen; heiter). • 9 **assigner qn à qc:** jdn. zu etwas verpflichten. • 10 **la stratégie de dissimulation:** etwa: Täuschungsmanöver (*la dissimulation:* Heuchelei; Verstecken, Unterschlagung). • 11 **ressortir de qc:** aus etwas hervorgehen. • 12 **attachant, e:** fesselnd; spannend; hier: reizend.

En contrebas, dans la cour, on peut voir Carl, un peu isolé des autres élèves.

Patrick passe la tête à la porte:

PATRICK. Excuse-moi François, y'a un élève qui sollicite une entrevue avec toi.

FRANÇOIS. Ah bon?

PATRICK. C'est Burak, et il a sa tête des mauvais jours.

François retrouve Burak, seul dans le couloir les bras croisés.

FRANÇOIS. Tu voulais me parler?

BURAK. Oui.

FRANÇOIS. Bon, tu veux qu'on trouve un bureau, ou ici ça va?

BURAK. Non, ça va, il suffit que vous fermiez la porte.

François ferme la porte de la salle des profs.

BURAK. Alors voilà, je voulais juste vous dire que j'ai pas apprécié la manière dont vous m'avez humilié tout à l'heure devant tout le monde.

FRANÇOIS. Qu'est-ce que j'ai dit au juste?

BURAK. Vous avez parlé de roman-photo concernant mon autoportrait. Je voulais avoir des explications, quoi.

S'ensuit une discussion assez vive: François reproche à Burak de se cacher derrière un personnage inventé

1 **en contrebas** (m.): unterhalb. • 4f. **solliciter qc:** etwas wollen, wünschen. • 5 **une entrevue:** Treffen, Gespräch. • 17 **apprécier qc:** etwas schätzen, mögen. • **humilier qn:** jdn. demütigen, erniedrigen.

qui n'a aucun intérêt, Burak rappelle que l'imagination, chez un adolescent, c'est très important. François lui dit qu'il n'a évidemment rien contre l'imagination, mais que ce n'était pas l'exercice qu'il lui avait proposé.

BURAK. Écoutez, monsieur, j'ai pas besoin de vous pour me connaître, des textes sur moi, j'en ai écrit plein, mais c'est pour moi, et ça ne vous regarde en aucune manière.

FRANÇOIS. Ben oui, c'est un peu ce que je te reproche, c'est de te cacher derrière un personnage.

Burak, très agacé, finit par tourner les talons.

Burak avait été très convaincant en improvisation pendant les ateliers. Mais il n'a jamais réussi à retrouver tout à fait la justesse et l'énergie de la «première fois». La scène a sauté dès les premiers jours de montage. Peut-être aurions-nous été moins sévères si nous n'avions pas assisté à la première tentative, dont la justesse avait placé la barre très haut et nous avait d'ailleurs inspiré cette scène, ajoutée très tardivement dans le scénario.

12 **tourner les talons** (pl. [!]): kehrtmachen (*le talon:* Ferse; Absatz). • 15 **la justesse:** Angemessenheit, Richtigkeit; hier etwa: passender Ton, richtige Art. • 16 **sauter** (fam.): hier: wegfallen. • 19 f. **placer la barre très haut** (loc.): die Messlatte sehr hoch legen. • 21 **tardivement:** spät.

27. Classe. Intérieur nuit.

Un soir après la classe, François, assis à son bureau, accueille individuellement les parents d'élèves.

On assiste à une série de portraits de parents d'élèves, certains défendant exagérément leur enfant, d'autres réclamant plus de sévérité envers le leur, d'autres enfin parfaitement indifférents aux remarques de François.

Les parents d'Angelica.

FRANÇOIS. Elle est gentille Angelica, ça fait aucun doute, mais les bavardages on sait plus comment faire.

Le père acquiesce.

FRANÇOIS. En tant que prof principal, je crois que ça lui passera tout seul, nous on y peut rien, c'est tout seul que ça passera.

Ils hochent tous les deux la tête, résignés. François ne sait plus trop quoi ajouter.

FRANÇOIS. C'est pour ça il faut pas trop paniquer, moi je crois que ça passera tout seul. Il faut pas trop lui en vouloir. Elle est gentille. Ça passera. Tout seul.

4 **assister à qc:** einer Sache beiwohnen, etwas miterleben; hier: etwas kennenlernen. • 6 **réclamer:** verlangen, fordern. • 15 **passer à qn:** sich bei jdm. verlieren, legen; jdm. vergehen. • 17 **hocher la tête:** nicken. • 21 **en vouloir à qn:** jdm. böse sein.

Dialogue copié-collé du livre, et si peu cinématographique qu'il repose sur une mécanique verbale qui se parachève en effet de ponctuation (la chose la moins adaptable à l'écran, et pour cause). De toute façon, ces dialogues avec les parents n'étaient qu'indicatifs, en attendant que les «vrais» parents, volontaires pour jouer, nous suggèrent des idées. Mais, quand bien même nous aurions voulu placer celui-ci, c'était voué à l'échec.

La mère de Juliette.

LA MÈRE. C'était pour parler de Juliette. En fait, elle a eu des histoires avec son père, vous êtes au courant?

FRANÇOIS. Non pas vraiment.

LA MÈRE. En fait son père essaie de récupérer une partie de notre patrimoine, l'autre jour il nous a même envoyé un huissier, vous voyez le genre. Alors forcément ça la perturbe.

FRANÇOIS. Avant d'être perturbée, elle est surtout très perturbante.

LA MÈRE. En fait l'an dernier, il y a eu la mort de son

1 **copié-collé:** etwa: wortwörtlich übernommen. • 1f. **cinématographique:** hier etwa: geeignet für den Film. • 3 **se parachever:** enden, zu Ende gehen. • **la ponctuation:** Zeichensetzung; hier etwa: Rhythmisierung. • 4 **pour cause:** aus gutem Grund. • 7 **suggérer:** nahelegen, vorschlagen, anregen. • 8 **quand bien même:** selbst wenn. • 9 **être voué, e à l'échec** (m.): zum Scheitern verurteilt sein. • 12 **être au courant:** auf dem Laufenden sein, das Neueste wissen. • 14 **récupérer:** wiederbekommen; hier: sich aneignen, an sich reißen. • 15 **le patrimoine:** Erbe; Familienvermögen. • 16 **un huissier:** Gerichtsvollzieher. • **le genre:** Art und Weise. • 19 **perturbant, e:** nervtötend, störend.

grand-père, ça l'a beaucoup touchée et depuis elle a du mal à se concentrer.

FRANÇOIS. Oui, ça on l'a constaté. Et je crois que …

LA MÈRE. En fait ça lui fait deux référents masculins en moins d'un coup, et forcément elle a tendance à surinvestir sur vous parce que malgré tout vous êtes un référent adulte.

FRANÇOIS. Ah?

LA MÈRE. En fait dans ce genre de schéma il faut sceller un pacte de filiation et d'apprentissage et comme vous ne l'avez pas scellé, forcément elle développe une conduite d'échec. Elle est en souffrance de lien et elle cherche à le créer.

FRANÇOIS. Oui je comprends.

François se lève pour l'inciter à l'imiter, mais la mère ne semble pas comprendre et continue:

LA MÈRE. Ce sont des enfants avant d'être des élèves, il faut que vous le sachiez.

FRANÇOIS. Oui oui, au revoir madame.

La mère d'Agam.

LA MÈRE. Bon je sais qu'Agam se tient pas comme il faut, mais vous savez c'est très dur parce que sa grande sœur est morte, et voilà c'est très dur, elle

4 **le référent masculin:** männliche Bezugsperson. • 6 **surinvestir sur qn:** sich jdm. in übertriebenem Maße zuwenden (z. B., um Zuwendung zu erhalten). • 9 f. **sceller:** schließen, besiegeln; einlassen, zementieren. • 10 **la filiation:** Abstammung; hier etwa: Fürsorge. • 12 **la conduite:** hier: Verhalten. • 12 f. **qn est en souffrance** (f.) **de qc:** jdm. mangelt es an etwas; hier: jd. sehnt sich nach etwas. • 15 **inciter qn:** jdn. veranlassen.

s'occupait bien de lui et tout et maintenant elle s'occupe plus, alors voilà, les mathématiques elle les faisait avec lui, quand elle avait le temps on va dire parce qu'elle travaillait sur les marchés, parce que son mari travaillait là-bas et quand il est parti, ben, elle a plus travaillé jusqu'à ce qu'elle trouve des ménages à faire dans un hôtel, comme moi je peux plus travailler à cause de mon cœur elle était obligée, fallait prendre tout ce qu'elle trouvait, même si c'était loin, au début elle y allait en bus mais ça la faisait rentrer trop tard, alors elle a demandé la mobylette à son cousin, c'est comme ça qu'elle a eu l'accident, Teddy il m'a dit qu'il voulait lui acheter un collier de perles, moi je lui ai dit c'est trop tard maintenant mon pauvre petit.

Les parents de Wei.

Le couple semble très concentré, accroché aux lèvres de François, mais leurs mimiques disent l'incompréhension.

FRANÇOIS. Wei travaille bien. Il fait de gros progrès, en français, en histoire ... Bon, en maths, il n'a jamais eu de problème, ça continue à être très bien ...
LE PÈRE. Merci monsieur.

Il veut se lever, mais François continue:

FRANÇOIS. Il est très attentif et très gentil. Juste un peu effacé, mais ça s'arrange. Timide.

7 **le ménage:** Haushalt; hier: Putzstelle.

LE PÈRE. Timide, oui, timide.

Pendant tout ce temps, la mère regarde, un grand sourire aux lèvres. Elle ne comprend manifestement pas ce qui se dit, mais sent confusément qu'on dit du bien de son fils.

François finit par leur tendre le bulletin, qu'elle prend sans y jeter un regard. Ils se lèvent, non sans remercier François une dernière fois.

Ce défilé de parents se termine par la mère de Souleymane, accompagnée de son fils aîné, à peu près dix-sept ans. C'est lui qui parle, puisque sa mère ne comprend pas un mot de français.

FRANÇOIS. Ah mais je t'ai déjà vu, toi?
LE FRÈRE. Ouais, j'étais ici avant.
FRANÇOIS. Oui, on a dû se croiser dans les couloirs.
LE FRÈRE. Ouais, j'étais en troisième 5.
FRANÇOIS (*s'adressant à la mère*). Bien, je vais pas vous mentir, il y a des problèmes avec Souleymane.

Le frère s'enflamme très vite.

LE FRÈRE. Ah bon? Toujours il nous dit ça va …
FRANÇOIS. Eh ben ça va pas si bien, non … Pour tout vous dire, il ne travaille pas beaucoup.
LE FRÈRE. Il nous dit ça va, alors nous forcément on le laisse, on surveille pas.

3 **manifestement:** ganz offensichtlich. • 4 **confusément:** verwirrt; hier: undeutlich. • 6 **le bulletin (de notes):** Zeugnis; Notenübersicht. • 15 **se croiser:** einander begegnen. • 19 **s'enflammer:** Feuer fangen; hier: sich aufregen, heftig reagieren.

Le frère s'énerve, traduit à sa mère qui, à son tour, se met en colère. François, inquiet, tente de relativiser:

FRANÇOIS. Attendez, ses résultats scolaires ne sont pas catastrophiques, mais c'est vraiment le strict minimum, il ne fait pas beaucoup d'efforts, il n'écoute pas, il lui arrive même souvent de ne pas prendre ses cours … Bref, il ne travaille pas …

LE FRÈRE. Excusez-moi, on savait pas.

FRANÇOIS. Ben, regardez son bulletin, mon avis est largement partagé par les autres professeurs. Mais si il se ressaisit, ça peut encore tout à fait s'arranger. Moi je pense que …

La mère, qui n'a pas décoléré, se remet à parler à son fils sur un ton vif. François les regarde d'un air étonné

LE FRÈRE. On va lui en parler ce soir quand mon père sera là, ça va mal aller pour lui, j'vous promets.

FRANÇOIS. Il pouvait pas venir ce soir, votre papa?

LE FRÈRE. Non, il travaille. Mais ce soir on va lui dire et y'aura pas moyen avec Souleymane.

FRANÇOIS. Il pourrait pas passer un jour, on pourrait parler, c'est toujours mieux.

La mère demande une traduction, mais le frère répond sans traduire.

2 **relativiser:** relativieren, die Situation entschärfen. • 9f. **largement:** ziemlich, im Großen und Ganzen. • 11 **se ressaisir:** sich wieder fangen, wieder Tritt fassen. • 20 **y'aura pas moyen** (fam.): *il n'y aura pas moyen:* hier etwa: er wird nicht ausweichen können.

LE FRÈRE. Ouais, je lui dirai, mais il travaille.
FRANÇOIS. Bon …

La mère regarde dans une autre direction, semblant ruminer sa colère, ou sa déception. Silence embarrassé de François qui ne trouve plus rien à dire.

FRANÇOIS (*un peu pris de court*). Bon, ben je crois qu'on a fait le tour …

Il se lève pour donner congé, serre la main de la mère puis du frère.

LE FRÈRE. Merci monsieur pour nous recevoir. Bonnes vacances.
FRANÇOIS. Merci. Au revoir.

La mère de Souleymane a déjà tourné les talons.

Si l'on excepte la rencontre avec la mère et le frère de Franck-Souleymane, la séquence doit beaucoup à ceux qui la jouent. Quelques semaines avant le tournage, nous avons rencontré les différents parents que l'idée de participer au tournage séduisait. Nous avons cherché à cerner

4 **ruminer qc:** etwas wiederkäuen; hier (fig.): über etwas brüten, etwas drehen und wenden, sich einer Sache hingeben. • 6 **être pris, e de court:** nicht mehr weiter wissen. • 8 **donner congé** (m.) **à qn:** jdn. verabschieden, entlassen (*prendre congé:* sich verabschieden). • 15 f. **devoir qc à qn:** jdm. etwas verdanken. • 19 **séduire:** verführen; hier: reizen. • **cerner:** eingrenzen; hier: präzisieren.

les préoccupations de chacun d'entre eux concernant l'école. De manière générale, tous projetaient sur leurs enfants leurs propres rêves et espoirs, mais aussi leurs propres frustrations, et c'est ce qui a donné l'axe général de la séquence. Avant le tournage de chaque tête-à-tête, nous avons passé un moment à structurer les interventions des uns et des autres, puis nous avons laissé chacun improviser, sous la conduite discrète de François qui orientait les discussions. Seule la mère d'Arthur (rencontrée à l'occasion du tournage) a réellement «joué la comédie». À la ville, son fils n'est pas le gothique qu'il a eu envie d'interpréter devant la caméra. Elle a dû rebondir sur ce choix, l'intégrer dans sa propre improvisation. Elle a par ailleurs accepté de tenir des propos très éloignés de ce qu'elle pense effectivement de l'école et des profs. Nous lui avions demandé d'adresser à François un cours de psychologie à la limite du ridicule. Même à son corps défendant, elle s'en sort plus que bien.

1 **la préoccupation:** Sorge; hier: Problem. • 2f. **projeter:** projizieren, übertragen. • 5 **un axe:** Leitlinie. • 6 **le tête-à-tête:** Gespräch unter vier Augen; hier: Elterngespräch. • 7 **structurer:** hier: (vor)planen. • 9 **la conduite:** hier: Leitung, Anleitung. • 10 **orienter:** hier: führen. • 13 **le gothique:** Gothic, Anhänger des Gothic-Kults. • 14 **rebondir sur qc:** an etwas abprallen; hier: sich auf etwas stürzen, sich etwas begeistert zu eigen machen. • 16 **par ailleurs:** übrigens, im Übrigen. • **tenir des propos** (m.): sich äußern, Äußerungen von sich geben. • 20 **faire qc à son corps défendant:** etwas widerwillig tun, gegen seine Natur handeln.

28. Salle informatique. Intérieur jour.

Les élèves attendent dans le couloir, devant la porte de la salle d'informatique. Souleymane est en train de montrer des photos sur son téléphone. On voit défiler des images de son appartement, de sa famille, de lui en train de faire l'idiot avec des potes. Ses camarades de classe s'extasient devant la qualité des photos, mais s'esclaffent quand ils découvrent le visage de la mère de Souleymane, particulièrement crispée et lugubre devant l'objectif.

SANDRA. Eh, c'est ta mère, ça?
RABAH. Putain, elle fait trop la gueule.
SOULEYMANE. Elle aime pas être prise en photo.

François arrive discrètement derrière eux et écoute la conversation.

SANDRA. Elle a l'air véner quand même.
SOULEYMANE. Lâche-moi toi, c'est la photo c'est tout.

Khoumba, qui a noté l'arrivée de François, l'interpelle.

KHOUMBA. Eh, monsieur, vous avez vu? Souleymane, il a fait des photos pour son autoportrait. Ça l'fait trop bien.
FRANÇOIS. Pourquoi pas …

6 **le pote** (fam.): Kumpel. • 7 **s'extasier:** sich begeistern, in Begeisterung geraten. • 8 **s'esclaffer:** schallend lachen. • 9 **crispé, e:** verkrampft. • **lugubre:** finster, düster.

Un peu gêné, Souleymane détourne le regard.

FRANÇOIS. Non vraiment, c'est intéressant. Les peintres eux aussi font leur autoportrait. Les photographes aussi …

À l'écran Franck-Souleymane ajoute: «J'suis pas peintre moi», et le prof de renchérir: «Je sais bien qu't'es pas peintre.» C'est tout bête mais la scène s'en trouve fluidifiée, et surtout cela permet de casser le ton légèrement paternaliste de la réplique du prof. C'est ce genre de petits ajouts anecdotiques qui donnent aux scènes leur naturel,

6 **renchérir:** etwa: noch eins draufsetzen. • 8 **fluidifier:** flüssiger machen; hier etwa: natürlicher klingen lassen. • 10 **un ajout:** Zutat, Zusatz.

leur souplesse. Et les acteurs-élèves sont des maîtres en la matière. Maîtres du commentaire off, de la réplique en aparté, etc. Cacophonie qui peut rendre fou un prof mais qui profite au film.

François ouvre la porte et la classe se précipite vers les ordinateurs. Ils sont tous occupés à taper leur autoportrait. Souleymane a sorti un câble, et, accroupi sous la table, est en train de chercher une entrée libre sur l'ordinateur. François est vaguement inquiet:

FRANÇOIS. Eh, tu vas pas tout faire sauter!
SOULEYMANE. Non, c'est facile, c'est une USB.
FRANÇOIS. Dis donc, t'es un petit génie de l'informatique, toi. En tout cas, tu rebranches tout comme c'était quand tu as fini.
SOULEYMANE. Tranquille.

François est appelé par Sandra et Khoumba, qui partagent un ordinateur.

SANDRA. Comment on fait pour faire tout carré?

1 **la souplesse:** Geschmeidigkeit (*souple:* gelenkig; weich; geschmeidig). • 2f. **le commentaire off:** Kommentar eines für die Kamera unsichtbaren Sprechers. • 3 **(parler) en aparté:** tuscheln. • **la cacophonie:** Lärm, Missklang. • 5 **se précipiter vers qc:** sich auf etwas stürzen. • 6 **taper:** tippen, auf der Tastatur schreiben, eingeben. • 7 **être accroupi, e:** kauern, hocken. • 8 **une entrée:** hier: Anschluss, Steckverbindung. • 10 **faire sauter:** in die Luft sprengen; hier: abstürzen lassen. • 11 **la (clé) USB:** USB-Gerät, USB-Stick. • 13 **rebrancher:** wieder anschließen. • 18 **carré, e:** hier: im Blocksatz.

François ne comprend pas.

KHOUMBA. Bien aligné et tout. On sait y'a un bouton.
FRANÇOIS. Ah! On appelle ça «justifié».

François prend la souris, clique sur la commande et le texte se justifie. Les filles sont très contentes.

KHOUMBA. C'est trop beau! C'est tout propre.
SANDRA. Ça fait comme un vrai livre, on est trop fortes.

Dans un autre coin, Carl tape un texte. Il semble ne pas s'occuper du reste de la classe qui le lui rend bien. François vient derrière lui et essaie de lire par-dessus son épaule. Carl cache aussitôt son texte avec sa main:

CARL. Attendez, j'ai pas fini.
FRANÇOIS. OK, OK …

D'un seul coup, le coin de Souleymane s'anime. Souleymane a téléchargé les photos qu'il a vaguement mises en page.

BOUBACAR. La vie d'ma mère, ça sort bien comme ça!
SOULEYMANE. T'es con ou quoi? J'ai encore rien fait là.

2 **aligné, e:** ausgerichtet. • 3 **justifié, e:** Blocksatz (*se justifier:* sich rechtfertigen; im Blocksatz erscheinen). • 10 **(la classe) le lui rend bien:** (die Klasse) zahlt es ihm heim, tut es ihm gleich. • 15 **s'animer:** lebhaft werden. • 16 **télécharger:** auf den Computer laden, herunterladen. • 17 **mettre qc en page:** etwas layouten.

François approche et regarde l'écran.

FRANÇOIS. C'est vrai qu'elles sont bien, ces photos.

Souleymane se retourne vers l'écran comme pour vérifier ce que dit François.

SOULEYMANE. Ouais …
FRANÇOIS. Et pourquoi tu mettrais pas une légende à chaque image?
SOULEYMANE. C'est-à-dire m'sieur une légende?

Avant la prise, nous demandons à Boubacar de glisser qu'une légende c'est comme dans les contes. C'est une formule de cancre, une perle, mais, sur les six ou sept prises de ce petit échange, Boubacar n'a jamais rechigné à passer pour un peu ignare; il y mettait chaque fois beaucoup de conviction. C'est très fort de faire aussi bien semblant de ne pas savoir. Et c'est, outre la saveur du malentendu, ce qui a légitimé que nous gardions ce moment au montage.

6 **la légende:** Legende; Bildunterschrift. • 10 **glisser:** rutschen, gleiten; hier: einschieben, eine Anmerkung machen. • 11 **le cancre** (fam.): schlechter und fauler Schüler. • 13 **rechigner à (faire) qc:** vor etwas zurückschrecken, sich gegen etwas sträuben. • 14 **ignare:** unwissend, dumm. • 14f. **mettre beaucoup de conviction à qc:** etwas hingebungsvoll, überzeugend tun. • 15f. **faire semblant de** (+ inf.): so tun als ob, vortäuschen, dass. • 16 **outre:** außer, neben. • **la saveur:** Geschmack; hier: Reiz.

FRANÇOIS. Dans ce cas-là, ça veut dire un commentaire.

Comme dans les journaux, sous les photos, tu vois?

SOULEYMANE. Mais qu'est-ce que je vais mettre moi?

FRANÇOIS. Ben ce que tu penses d'eux, comment tu t'entends, les rapports familiaux tout ça …

Ce que tu disais tout à l'heure sur ta mère par exemple, comme quoi, avec tes frères, vous arrêtiez pas de l'emmerder.

SOULEYMANE (*sincèrement scandalisé*). Oh non, la honte, je peux pas écrire ça.

BOUBACAR. Archouma la honte!

FRANÇOIS. Ben quoi, c'est ta vie, non? Je t'en demande pas plus.

Il s'éloigne pour laisser Souleymane travailler tranquillement. Sandra l'appelle.

SANDRA. M'sieur, comment ça s'écrit «Lafayette»?

FRANÇOIS. Comment ça «Lafayette»?

SANDRA (*sur un ton d'évidence*). Ben, comme «Galeries Lafayette».

Il épelle le mot tout en essayant de lire le texte de Sandra par-dessus son épaule.

FRANÇOIS. Ah bon? Tu vas aux Galeries Lafayette tous les samedis! Mais dis donc, c'est loin de chez toi! C'est au moins à quatre stations de métro.

SANDRA. Ben quoi c'est pas loin.

8 **comme quoi:** wie zum Beispiel. · 21 **épeler:** buchstabieren.

FRANÇOIS. Comme vous sortez jamais du 19e, c'est très loin au contraire, non?

Khoumba se vexe:

KHOUMBA. C'est bon, on est pas des paysans.

SANDRA. Alors là rien à voir m'sieur, moi mon copain il est dans le 17e.

KHOUMBA. C'est pas du mytho m'sieur, son copain il est dans le 17e, c'est pour ça elle y va tout le temps.

Le 17e est devenu le 5e dans la bouche de Rachel-Khoumba, qui va effectivement souvent se balader dans le quartier du Luxembourg. Et qui mettra une conviction inespérée à montrer qu'ils ne sont «pas des paysans». Rien de tel, pour muscler la prise et le dialogue, que de l'enraciner dans des enjeux réels, ressentis par ceux qui sont supposés jouer.

François tente une diversion:

6 **le 17e** (fam.): *le 17e arrondissement:* Verwaltungsbezirk im Nordwesten von Paris. • 10f. **se balader:** bummeln, unterwegs sein, spazieren gehen. • 11f. **mettre une conviction inespérée à qc:** etwa: unerwarteten Eifer bei etwas an den Tag legen (*la conviction:* Überzeugung). • 13 **muscler qc:** etwas stärken; hier etwa: echt, lebendig gestalten. • 14 **enraciner:** verwurzeln, verankern. • 15 **ressentir qc:** etwas lebhaft fühlen, nachempfinden. • **être supposé, e faire qc:** von jdm. erwarten, dass er etwas tut. • 17 **la diversion:** Ablenkung.

FRANÇOIS. Au fait, vous êtes réconciliées toutes les deux?

KHOUMBA. Ça m'sieur, c'est notre vie.

De l'imprimante sortent les photos de Souleymane, parfaitement mises en pages et légendées. François prend l'initiative de les installer sur un mur sous le regard de Souleymane soudain intimidé.

SOULEYMANE. Eh, vous faites quoi, là, monsieur?

FRANÇOIS. Je voudrais juste avoir une vision d'ensemble et que tout le monde puisse les voir.

Plus que jamais, Souleymane ressemble à un enfant intimidé.

SOULEYMANE. Ça s'fait pas monsieur.

FRANÇOIS. Mais attends, tout le monde a lu sa biographie à tout le monde. C'est pareil. Et quand quelque chose est bien ça mérite d'être vu par la classe.

SOULEYMANE. Vous allez encore me charrier, ça va pas l'faire.

FRANÇOIS. Et si, admettons, je trouve ça vraiment bien? Peut-être que dans ce cas je vais pas charrier.

SOULEYMANE. C'est tout pourri.

FRANÇOIS. C'est pas à toi d'en juger.

1 **se réconcilier:** sich versöhnen (*la réconciliation:* Versöhnung). • 12 **intimidé, e:** eingeschüchtert. • 18f. **ça va pas l'faire** (fam.): etwa: das bringt es nicht. • 23 **c'est pas à toi de** (+ inf.): *ce n'est pas à toi de* (+ inf.): es steht dir nicht zu, zu …

Souleymane, surpris que son «œuvre» soit ainsi exposée, a l'impression de se retrouver nu devant la classe. Les élèves s'approchent des photos (seul Carl continue à taper son texte). Tous font des commentaires plutôt enthousiastes auxquels Souleymane réagit avec beaucoup de fausse modestie. On le sent à la fois flatté et inquiet de tant se dévoiler. Alors qu'on entend les commentaires des élèves, on peut voir en gros plan les différentes photos de Souleymane: les membres de sa famille, des images de son quartier … Souvent, il s'est photographié lui-même, parfois dans des situations quotidiennes, mais aussi dans une perspective plus narcissique: gros plans sur ses tatouages …

Une autre feuille sort de l'imprimante: c'est celle de Carl.

FRANÇOIS. Alors, Carl, tu veux nous lire ce que tu as fait?

CARL. Ouais, je veux bien, mais j'sais pas si c'est bon. En fait, j'ai fait un portrait «j'aime / j'aime pas».

FRANÇOIS. C'est quoi ça?

CARL. Ben j'ai vu ça dans un magazine. Le mec, il fait une colonne de ce qu'il aime et de ce qu'il aime pas, et ça fait comme un portrait.

FRANÇOIS. Eh ben vas-y, on t'écoute.

C'est avec une certaine assurance qu'il entame la lecture de son texte, devant les élèves curieux. Son auto-

6 **la modestie:** Bescheidenheit. • **flatter qn:** jdm. schmeicheln. • 7 **se dévoiler:** sich entblößen; hier: sich zur Schau stellen. • 8 **le gros plan** (tech.): Großaufnahme. • 13 **narcissique:** narzisstisch, selbstverliebt. • 22 **la colonne:** Spalte. • 25 **une assurance:** hier: (Selbst-)Sicherheit, Selbstbewusstsein.

portrait mêle des choses légères («j'aime trop les frites») à des choses beaucoup plus graves («j'aime pas aller voir mon frère en prison»). Il finit par une évocation de son ancien collège et de son renvoi («j'aimais pas le collège Paul-Éluard», «j'aimais pas mes profs et eux non plus y m'aimaient pas», «j'aime bien être dans ce collège»).

Face à cette douche écossaise, les élèves et François restent bouche bée.

Cette lecture, faite dans la foulée de la scène, ne déclenchait aucune émotion. Les réactions des autres élèves profitant de ce moment de sincérité de Carl pour le chambrer sonnaient faux. Nous avions tourné tous les autoportraits en plan fixe devant le tableau. Des vignettes intemporelles qui, disséminées dans le montage, pouvaient, pensions-nous, venir scander le film. Nous n'avons finalement gardé que celle-ci, dont la gravité et la sincérité rejaillissent sur Carl, et qui vient contrebalancer le quart d'heure de gloire de Souley-

4 **une évocation:** Nennung, Heraufbeschwörung; hier: Bericht. • **le renvoi:** Schulverweis, Rauswurf. • 5 **Éluard:** Paul Éluard (1895–1952); französischer Lyriker, bedeutender Vertreter des französischen Surrealismus. • 8 **la douche écossaise:** Wechseldusche; hier (fig.): Wechselbad der Gefühle. • 10 **dans la foulée de qc:** unmittelbar nach etwas. • 13 **sonner faux:** unecht klingen. • 15 **la vignette:** Bildchen, Illustration; hier: kurze Episode. • **intemporel, le:** zeitlos; hier: außerhalb der Handlung stehend. • 16 **disséminé, e:** verstreut, auseinandergerissen. • 17 **scander qc:** etwas skandieren, im Sprechchor rufen; hier: einer Sache Struktur verleihen. • 19 **rejaillir sur qn:** auf jdn. ausstrahlen, sich positiv auf jdn. auswirken. • 19 f **contrebalancer:** ausgleichen.

mane, renforçant du même coup la rivalité entre les deux personnages qui ne va faire que croître jusqu'à la fin du film.

29. Cour. Extérieur jour.

De la salle des profs, on peut voir Carl qui, dans la cour, se retrouve sous le feu des questions. On sent que les élèves, notamment Sandra et Khoumba, sont assez fascinés par lui. Carl semble avoir compris que, en restant très évasif sur son passé, il attirait davantage la curiosité de ses nouveaux camarades. Souleymane garde, quant à lui, ses distances pendant un moment et finit par lui poser des questions sur son frère emprisonné.

Cette scène, comme toutes celles dans la cour (systématiquement filmées en plongée depuis un balcon du deuxième étage), posait la question du rapport juste entre l'image et le son. Pour rester dans un traitement «réaliste», il était impossible de jouer un niveau sonore rendant audibles les dialogues. Du coup, la scène tombait à plat. Nous

9 **évasif, -ive:** ausweichend, ungenau. • 11 **quant à lui, elle, eux:** seinerseits, ihrerseits (*quant à:* was betrifft, hinsichtlich). • 18 **le traitement:** Behandlung, Darstellung eines Themas. • 19 **le niveau sonore:** Lautstärke.

l'avions de toute évidence chargée de trop d'intentions. Elle fut supprimée au montage.

Rachel, la prof de dessin, traverse la cour et aborde un peu timidement le groupe.

Elle leur demande s'ils avaient cours avec François, et s'ils savent où il se trouve. Sandra lui indique la salle d'informatique.

Rachel s'éloigne.

30. Salle d'informatique. Intérieur jour.

Lorsqu'elle arrive dans la salle d'informatique, Rachel découvre François en train de décrocher du mur les photos de Souleymane.

RACHEL. J't'e dérange?
FRANÇOIS. Non, pas du tout.
RACHEL. Je voulais t'parler d'un truc.
FRANÇOIS. Ah?

Rachel remarque le travail de Souleymane.

RACHEL. C'est pas mal, ça. Qui c'est qui t'a fait ça?
FRANÇOIS. C'est Souleymane.

1 **de toute évidence** (f.): ganz offensichtlich. • **charger qc:** etwas beladen, belasten. • 3 **aborder:** ansprechen. • 11 **décrocher:** abnehmen, abhängen.

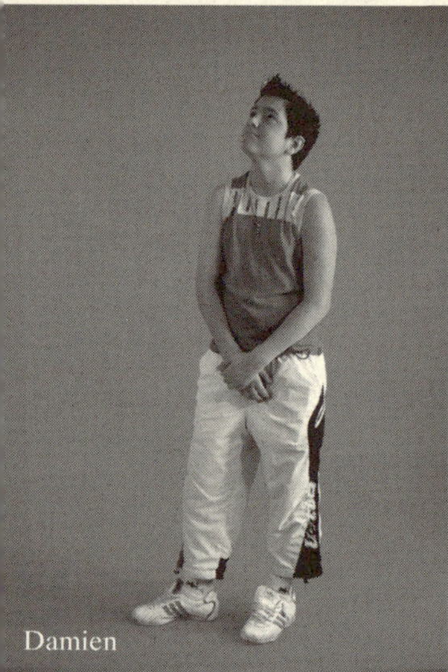
Damien

Esméralda

Eva

Souleymane

Henriette

Juliette

Justine

Laura

RACHEL. Ah oui … Il est quand même étonnant, ce gamin.

FRANÇOIS. Tout le monde est pas de cet avis.

RACHEL. Ah bon?

FRANÇOIS. Oui, y'en a qui le trouvent un peu bizarre, ces temps-ci.

RACHEL. Qui?

FRANÇOIS. Ah, je peux pas dire, je suis tenu au secret professionnel. Tu voulais me parler?

RACHEL. Non, c'est rien … Lundi, y'a eu un clash justement avec les quatrième 3. J'ai entendu Cherif qui disait «sale Juif» à Arthur parce qu'il voulait pas lui donner une feuille, alors je l'ai repris, j'ai dit que ça se faisait pas, et là ils sont tous partis en vrille, ça a été le bordel pendant une demi-heure j't'assure, j'ai pas pu m'expliquer, c'était infernal. Quand ils ont été sortis, j'ai pleuré tu vois. J'arrive pas à rester calme sur ce sujet-là. Comme j'suis concernée en première ligne, j'y arrive pas.

FRANÇOIS. Oui, j'comprends.

RACHEL. Toi peut-être tu pourrais.

FRANÇOIS. Écoute, je verrai.

RACHEL. C'est surtout Sandra qui m'a déçue. Elle a dit: «Moi de toute façon je suis raciste envers les Juifs et ce sera toute ma vie comme ça.» Tu les as aujourd'hui?

FRANÇOIS. Non. Après-demain seulement.

RACHEL. Tu essaieras?

6 **ces temps-ci:** zurzeit, in letzter Zeit. • 10 **le clash** (angl.): Konflikt, Auseinandersetzung. • 13 **reprendre qn:** jdn. zurechtweisen. • 14f. **partir en vrille:** ausbrechen (Fahrzeug); hier etwa: durcheinanderschreien (*la vrille:* Schraube; Propeller; Nagelbohrer). • 16 **s'expliquer:** sich aussprechen; hier: sich Gehör verschaffen.

FRANÇOIS. Ça dépend dans quel état j'les retrouve mais si je le sens j'en touche un mot, je te promets.

31. Classe. Intérieur jour.

Les élèves sont encore en train de sortir leurs affaires de leur sac. François, un registre d'absence devant lui, balaye la classe du regard. La place de Wei est vide.

FRANÇOIS. Wei est pas là, aujourd'hui?

Les élèves ne savent pas trop quoi répondre. Le voisin de Wei fait un geste d'incompréhension avec les mains.

FRANÇOIS. Mais quelqu'un l'a vu ce matin?

La classe répond mollement que non. François note l'absence sur le registre. Sans aucun commentaire, il se lève et écrit au tableau: «Les Juifs». Il trace un trait sous le titre, délimitant ainsi deux colonnes. Les élèves sont stupéfaits. Le silence se fait tout naturellement dans la salle de classe.

FRANÇOIS. Bon, aujourd'hui, on va faire un exercice un peu particulier: je vais reporter dans ces deux co-

2 **en toucher un mot:** auf etwas zu sprechen kommen, etwas erwähnen. • 5 **le registre d'absence** (f.): Abwesenheitsliste. • 14 **tracer:** ziehen, zeichnen. • 15 **délimiter:** ein-, abgrenzen. • 16 **stupéfait, e:** verblüfft. • 19 **particulier, -ière:** besonders, speziell.

lonnes les choses positives et négatives que vous avez entendues au sujet des Juifs.

Il ajoute un «+» et un «–» en haut de chaque colonne et se retourne vers ses élèves qui restent interdits.

SANDRA (*un peu embarrassée*). Mais moi, j'ai rien à dire sur les Juifs. Moi, je suis copine avec Julie, j'ai pas de problème avec ça.

FRANÇOIS. Mais je vous demande pas forcément ce que vous en pensez, Sandra. Je vous demande juste ce qu'ON dit des Juifs.

Après quelques hésitations, les réponses commencent à sortir:

– Ils sont riches.
– Ils sont radins.
– On voit qu'eux à la télé.
– Ils vivent trop entre eux.
– Ils sont racistes.
– Ils oppriment les Palestiniens.

François demande de préciser si elle parle des Juifs ou des Israéliens. Un autre élève dit qu'ils se marient entre eux. François lui demande s'il s'agit d'un point positif ou négatif. L'élève lui dit de choisir la colonne lui-même. François refuse de choisir à la place de l'élève qui finit par statuer et opte pour la colonne des moins.

14 **radin, e:** kleinlich, geizig. • 18 **opprimer:** unterdrücken. • 24 **statuer:** ein Urteil fällen. • **opter pour qc:** sich für etwas entscheiden. • **le moins:** Minuszeichen; hier: negatives Merkmal.

Boubacar lance de manière lapidaire: «Ils ont le pouvoir économique.» François lui demande de préciser sa pensée. S'ensuit un débat beaucoup plus vif où ressortent à nouveau toute une série de fantasmes que François reporte systématiquement au tableau: tous les banquiers sont juifs, ils tiennent les cordons de la bourse, ce sont eux qui dirigent l'Amérique …

François, qui les a laissés parler, leur demande enfin s'il s'agit là d'opinions qu'ils ont entendues ou si c'est leur propre opinion. Sandra s'énerve tout d'un coup.

SANDRA. Alors là, monsieur, c'est malhonnête ce que vous faites là. Vous faites tout ça pour nous faire parler, et après, vous nous jugez. C'est un peu facile.

FRANÇOIS. Tu penses ce que tu veux Sandra, en tout cas, regarde le tableau. Tu ne trouves pas qu'il y a un léger déséquilibre entre les points positifs et les points négatifs? Moi, ce que je veux dire c'est simplement qu'au lieu de boire toutes les âneries que vous entendez autour de vous, vous devriez essayer de réfléchir un peu par vous-mêmes, c'est tout.

SANDRA. Attendez, monsieur, j'ai pas besoin de vous pour penser par moi-même.

FRANÇOIS. Ben on dirait pas. Parce que je te rappelle

1 **lancer:** rufen, einwerfen. • **lapidaire:** lapidar, knapp, kurz und bündig. • 3 **s'ensuivre:** folgen, die Folge sein. • 4 **ressortir:** zum Vorschein kommen. • **le fantasme:** Fantasiegebilde, Wunschgebilde; (sexuelle) Fantasie; hier: Klischee, Vorurteil. • 6 **tenir les cordons:** die Fäden ziehen (*le cordon:* Band, Schnur). • 7 **la bourse:** Börse. • 17 **le déséquilibre:** Ungleichgewicht. • 19 **boire:** hier: verschlingen, kritiklos aufnehmen. • **une ânerie:** Dummheit, Blödsinn, Eselei (*un âne:* Esel).

que votre prof d'arts plastiques s'est pris quelques réflexions pas très futées et qu'il n'y en a pas beaucoup parmi vous qui ont réagi.

Sandra soupire façon «j'en peux plus».

SANDRA. Oh non, c'est bon maintenant.

FRANÇOIS. Non, c'est pas bon. C'est pas bon d'avoir des conneries dans la tête. Moi j'vais pas vous gronder, j'vais pas vous faire la morale, j'vais pas vous dire que l'antisémitisme c'est pas bien comme fumer ou casser un vase. Moi j'fais mon boulot de prof de français: je vous mets en garde contre l'inexactitude. Si vous me dites que le COD s'accorde avec l'auxiliaire «avoir», je vous dis que c'est inexact. Eh ben, pas aimer les Juifs, c'est ni bien ni mal, c'est juste inexact …

Khoumba, assise juste devant Sandra, se retourne pour murmurer quelque chose à son oreille. Sandra approuve et les deux filles se tapent dans la main.

FRANÇOIS. Qu'est-ce qui se passe?

KHOUMBA. Non non rien.

1 **les arts** (m. pl. [!]) **plastiques:** Bildende Kunst (als Schulfach). • **se prendre qc** (fam.): hier: etwas abbekommen, sich etwas anhören müssen. • 2 **futé, e:** schlau, intelligent. • 7 **la connerie** (fam.): Dummheit, Blödsinn. • 7 f. **gronder qn:** jdn. ausschimpfen. • 8 **faire la morale à qn:** jdm. die Leviten lesen. • 12 **COD:** *le complément d'objet direct* (gramm.): direktes Objekt, Akkusativobjekt. • 12 f. **s'accorder:** angeglichen werden. • 13 **un auxiliaire** (gramm.): Hilfsverb. • 17 **murmurer:** murmeln. • 18 **se taper dans la main:** sich abschlagen.

FRANÇOIS. Ben si, quelque chose. Vous éclatez de rire, c'est qu'il y a quelque chose, non?

KHOUMBA. Non non.

FRANÇOIS. Si, dites-moi.

Khoumba hésite puis se lance en le regardant de bas en haut, masquant mal un petit sourire d'évidence.

KHOUMBA. Ben moi, je vais vous dire une chose qui est ni bien ni mal, mais qu'est une vérité, c'est que les Juifs, ils sont plus riches que les Arabes.

FRANÇOIS. Eh ben t'as raison. Si on prend le niveau de vie moyen des Juifs de France, il est supérieur à celui des Arabes. C'est après que la connerie commence. C'est quand on en déduit qu'ils ont tout pris pour eux comme des voleurs et qu'ils ont l'appât du gain dans la peau. C'est un peu ça que vous pensez, non? Moi j'vais vous expliquer pourquoi en France les Juifs sont plus riches en général que les Arabes. C'est très simple, c'est une question de vague d'immigration. En général, les gens arrivés plus récemment font dans un premier temps partie des couches les plus basses de la société. Les Italiens par exemple, ils étaient très pauvres dans les années vingt parce qu'ils arrivaient juste, et maintenant eh bien ils sont au-dessus dans la hiérarchie sociale. Les Juifs, j'en parle même pas. Comme ils sont là depuis longtemps, tellement longtemps qu'en fait on peut à peine appeler ça une immigration, comme

6 **masquer:** verbergen. • **le sourire d'évidence:** etwa: selbstsicheres Lächeln (*une évidence:* etwas Offensichtliches; Tatsache). • 14 f. **l'appât** (m.) **du gain:** Geldgier (*un appât:* Köder).

ils sont là depuis très très longtemps, ils ont eu le temps de se faire des situations. Voilà, c'est tout, et y'a rien à en dire d'autre. Sûrement pas à en concevoir de la jalousie, parce que c'est un peu ça le problème, non?

La sonnerie retentit, mais ne provoque aucune réaction chez les élèves, abasourdis par la démonstration de François.

Alors que les autres quittent la classe, Sandra vient rejoindre François au bureau.

SANDRA. M'sieur, j'voulais vous dire. Des fois, on dit des trucs sur les Juifs ou sur d'autres mais c'est de l'humour. Moi, des fois, je traite Khoumba de négresse, mais ça veut rien dire, c'est comme ça, c'est entre nous. La prof de dessin faut qu'elle arrête de se prendre la tête aussi. C'est pas de notre faute si elle a pas d'humour.

FRANÇOIS. Ah oui, tu as raison, on a oublié de noter dans la liste que les Juifs manquent d'humour. C'est tout c'que tu veux m'dire?

SANDRA. Non, c'était pour l'orientation. L'autre jour avec ma sœur, j'ai visité le lycée Marcel-Aymé.

2 **se faire une situation:** etwa: Fuß fassen, sich etwas aufbauen. • 4 **la jalousie:** Neid (*jaloux, -ouse:* neidisch). • 7 **abasourdi, e:** verblüfft, sprachlos. • **la démonstration:** hier: Ausführungen, Darlegungen. • 9f. **venir rejoindre qn:** jdm. folgen. • 13 **traiter qn de:** jdn. beschimpfen als. • 16 **se prendre la tête** (fam.): etwas schwernehmen. • 22 **Aymé:** Marcel Aymé (1902–67); französischer Erzähler und Dramatiker. Typische Stadt-Land-Begebenheiten bilden häufig den Hintergrund seiner Romane und Erzählungen, die zum Großteil verfilmt wurden.

M'sieur c'est pas possible j'vais pas pouvoir y aller, y'a qu'des gothiques là-bas.

FRANÇOIS. Mais de quoi tu t'inquiètes? C'est dans un an et demi …

SANDRA. Mais m'sieur j'vous jure c'est vrai, y'a qu'des skateurs, jamais j'pourrai leur parler.

FRANÇOIS. Tant qu'c'est pas des Juifs.

Sandra tape du pied d'exaspération.

SANDRA. Putain, les profs, vous êtes tous pareils, vous avez aucun humour. Mais j'vous jure là-bas c'est pas possible y'a qu'des punks.

FRANÇOIS (*avec un sourire provocateur*). Moi, je dis, tant que c'est pas des Juifs …

Sandra s'éloigne en levant les bras au ciel.

SANDRA. Ah, j'laisse tomber, là. On peut jamais discuter sérieusement avec vous.

> Le livre oscillait entre la nécessité de prendre acte de certains clichés antisémites reconduits par quelques élèves des quartiers populaires et l'envie de ne pas en rajouter sur des faits auxquels les

6 **le skateur** (angl.): Skateboardfahrer. • 8 **taper du pied:** mit dem Fuß stampfen • 17 **osciller:** schwanken, sich hin- und herbewegen. • 17 f. **prendre acte de qc:** etwas zur Kenntnis nehmen. • 18 **reconduire qc:** etwas fortführen, weiterführen. • 20 **en rajouter sur qc:** noch eins draufsetzen.

journaux télévisés accordent déjà un traitement disproportionné. Au bout du compte et de la réflexion, il relatait un incident où des élèves avaient tenu des propos antisémites, puis calmait le jeu en resituant l'antisémitisme des jeunes (notamment arabes et noirs) dans un ensemble psychosocial plus vaste: méconnaissance et donc méfiance des sphères privilégiées, conscience plus ou moins erronée qu'un certain monde leur est interdit, ressentiment social, etc. Plutôt qu'un profond antisémitisme «documenté» et pathologique, une commune crétinerie que la pédagogie frontale du prof n'avait pas de mal à désarmer. C'est le sens du dialogue avec Sabrina qui suit la mise au point devant la classe. Juifs, skateurs, gothiques, tout ça c'est pareil (ce que d'ailleurs la répétition avec Esméralda-Sandra a confirmé avec éclat: elle se retrouvait très bien dans ce dialogue).

Mais il y a un hic. Le livre s'appuyait sur des faits réels. Des élèves de troisième avaient effectivement secoué une prof d'arts plastiques qu'ils savaient juive. Avec nos acteurs-élèves, nous ne par-

1 **accorder:** einräumen, zugestehen, billigen. • **le traitement:** Behandlung; hier: Aufmerksamkeit. • 2 **disproportionné, e:** übertrieben; hier: zu ausführlich. • 3 **relater:** berichten. • 4f. **calmer le jeu:** etwa: die Wogen glätten. • 5 **resituer:** einordnen. • 7 **la méconnaissance:** Unkenntnis. • 9 **erroné, e:** fälschlich, falsch, irrig. • 12 **la crétinerie:** etwa: Hang zum Blödsinn. • 13 **désarmer:** entwaffnen. • 14 **la mise au point:** Klarstellung. • 17 **avec éclat** (m.): in aller Deutlichkeit. • 19 **il y a un hic** (fam.): es gibt einen Haken. • **s'appuyer sur qc:** sich auf etwas stützen. • 21 **secouer qn:** jdn. schütteln; hier: jdn. rüde angehen.

tions de rien, si ce n'est de l'intuition douteuse qu'ils étaient eux aussi assez poreux à ce genre de clichés.

Pendant les ateliers, nous avons voulu reprendre la scène telle qu'elle est dans le livre, mais comme toujours en essayant de respecter la personnalité des adolescents qui se prêtaient au jeu. François tentait de les provoquer sur l'antisémitisme, sans grand succès, avec la désagréable impression d'aller à la pêche à la petite phrase antisémite. Nous avions donc décidé de modifier le dispositif pour le tournage: le prof entrait dans la classe, sans plus d'explications écrivait «Les Juifs» au tableau, puis demandait aux élèves d'égrener des clichés sur ce sujet. Évidemment, quand nous avons lancé cette prise, pour le coup totalement improvisée, nous avons recueilli tous les clichés souhaitables, mais c'était la preuve de quoi? N'importe quel groupe ainsi sollicité n'aurait-t-il pas répondu la même chose? L'ambiguïté ne se dissiperait jamais entre relever un cliché et y adhérer. Bref, le procédé se révélait encore plus pervers. Voilà sans doute un bon exemple du travers que

1 **rien, si ce n'est:** nichts außer, nur. • 2 **poreux, -euse:** porös; hier: empfänglich. • 7f. **se prêter au jeu:** mitmachen, mitspielen. • 14 **égrener qc:** etwas enthülsen, entkörnen; hier: etwas herunterbeten. • 19 **solliciter qn:** jdn. zu etwas bringen, veranlassen. • 20 **une ambiguïté:** Zwei-, Doppel-, Mehrdeutigkeit (*ambigu, ë:* zweideutig, doppeldeutig, mehrdeutig). • 20f. **se dissiper:** sich verflüchtigen, verschwinden. • 21 **adhérer à qc:** einer Sache anhängen. • 23 **le travers:** Schwäche, Fehler.

nous souhaitions éviter pour ce film: pousser les élèves au crime pour les besoins impérieux de la fiction. Mettre des formules antisémites dans des bouches qui spontanément ne les auraient pas pratiquées – comme en attestent six semaines de cohabitation quotidienne avec ce groupe de jeunes. La scène fut supprimée au montage.

32. Salle des profs. Intérieur jour.

Dans la salle des profs, Sophie sort discrètement de son sac une bouteille de champagne qu'elle glisse dans le petit frigo, sous la machine à café. Derrière elle, les bavardages sont interrompus par l'arrivée de Julie, la CPE, qui parle à la cantonade:

JULIE. Il faut que tout le monde sache une chose. La maman de Wei, qui est en quatrième, est sous le coup d'un arrêté d'expulsion. Elle va être jugée la semaine prochaine, elle risque d'être renvoyée en Chine.

CÉCILE. C'est dingue, ça fait trois ans qu'elle est là, la famille.

JULIE. Oui mais tu sais ce que c'est, un jour ils déci-

2 **impérieux, -euse:** gebieterisch; hier: zwingend. • 5 **attester:** belegen, deutlich machen. • 6 **la cohabitation:** Beisammensein; Zusammenleben. • 10 **glisser qc dans qc:** eine Sache in etwas (hinein)schieben. • 13 **parler à la cantonade:** in den Raum hinein sprechen (ohne eine bestimmte Person anzusprechen) (*la cantonade:* Kulisse). • 15f. **être sous le coup de qc:** von etwas bedroht sein. • 16 **un arrêté d'expulsion** (f.): Ausweisungsverfügung. • 18 **dingue** (fam.): verrückt.

dent de faire des fournées de clandestins, et elle est tombée dedans.

FRED. Pas le père?

JULIE. Non, pas le père. Alors qu'il est exactement dans la même situation. Enfin tu vois le genre.

Il y a un moment de silence.

JULIE. Ce que je propose, c'est d'abord qu'on se cotise pour payer au moins en partie l'avocat, parce que les honoraires c'est bonbon. Et ensuite qu'on se démerde pour aller au procès, histoire d'influencer un peu.

FRANÇOIS. Et Wei, il partirait aussi?

JULIE. On sait pas. *A priori* non.

CÉCILE. C'est vraiment horrible parce que Wei, franchement, c'est la grande classe.

FRED. Oui, enfin, même si c'était pas un bon élève, ça serait horrible quand même.

CÉCILE. Oui mais je veux dire … C'est encore plus touchant, tu vois.

Julie dépose une enveloppe sur la table centrale, pour que tout le monde y glisse sa contribution. Plantée à

1 **la fournée** (fam.): Schub, Ladung. • **le clandestin / la clandestine:** illegaler Einwanderer / illegale Einwanderin (*clandestin, e:* heimlich, illegal, Schwarz…). • 7 **se cotiser:** zusammenlegen, Geld sammeln. • 9 **bonbon** (fam.): hier etwa: heftig. • 9f. **se démerder pour faire qc** (fam.): es irgendwie hinkriegen etwas zu tun. • 10 **histoire de** (+ inf.) (fam.): (einfach) um zu … • 13 **a priori** (lat.): von vornherein, auf den ersten Blick, zunächst einmal. • 18f. **touchant, e:** rührend, ergreifend. • 21 **la contribution:** Beitrag. • 21f. **se planter à côté de qc** (fam.): sich neben etwas hinstellen.

côté du frigo, Sophie embêtée, se force un peu à prendre la parole:

SOPHIE. Ben … Moi je me sens un peu conne, là, mais j'avais apporté une bouteille de champagne, parce que j'avais quelque chose à vous annoncer.

Tout en parlant, elle sort la bouteille du frigo.

SOPHIE. Le moment est mal choisi, mais je voulais vous dire que j'étais enceinte …

La nouvelle est reçue avec des exclamations enthousiastes. Quelqu'un lui prend la bouteille des mains, un autre distribue les verres en plastique, alors que Sophie, visiblement touchée par la réaction des autres, s'assoit comme si elle était sur le point d'accoucher. Rachel lui tend une coupe de champagne.

SOPHIE. J'en profite, parce que dans quelque temps, je pourrai plus en boire.
RACHEL. Et t'es enceinte de combien?
SOPHIE. Ça va faire deux mois.

Tout le monde trinque. Au milieu de cette agitation, Sophie a un moment d'absence. Elle finit par lever son verre et porter un toast:

SOPHIE. Je souhaite deux choses: que la maman de Wei

1 **embêté, e:** verlegen, peinlich berührt. • 9 **une exclamation:** Ausruf; hier: Freudengeschrei. • 13 **être sur le point de** (+ inf.): unmittelbar davor sein, zu … • 19 **trinquer:** anstoßen, einander zuprosten.

soit épargnée, et que mon enfant devienne aussi intelligent que Wei.

Réplique qui figurait dans le livre à propos de l'élève Ming. Réplique inventée, jamais entendue dans une salle des profs. Mais la conviction qu'y met Anne, la prof qui se l'est vu confier, emporte définitivement les scrupules à produire ce lyrisme.

33. Collège. Extérieur + intérieur jour.

Nouveau changement de saison. Le printemps est là. Wei est de retour. Sur d'autres images prises à la volée dans le collège, on entend la suite du questionnaire sur l'Éducation nationale:

FRANÇOIS. Comment améliorer la reconnaissance et l'organisation de la voie professionnelle? Comment motiver et faire travailler efficacement les élèves? Quelles doivent être les fonctions et les modalités de l'évaluation des élèves, de la notation et des examens? Comment organiser et améliorer l'orientation des élèves? Comment préparer et organiser l'entrée dans le supérieur? Comment les parents et les partenaires extérieurs de l'école peuvent-ils fa-

1 **épargner qn:** jdn. verschonen. • 6 **confier qc à qn:** jdm. etwas anvertrauen; hier: jdm. etwas in den Mund legen. • **emporter qc:** hier: etwas beiseite schieben, verschwinden lassen. • 10 **à la volée:** mit Schwung; im Vorbeigehen. • 15 **efficacement:** effizient, auf effektive Weise. • 21 f. **favoriser:** begünstigen, fördern.

voriser la réussite scolaire des élèves? Comment prendre en charge les élèves en grande difficulté? Comment scolariser les élèves handicapés ou atteints de maladie grave? Comment lutter efficacement contre la violence et les incivilités?

34. Cour. Extérieur jour.

Alors que François égrène les dernières questions, on assiste à un match de foot dans la cour de récréation. Carl semble avoir trouvé sa place parmi ses camarades. Il est devenu très sûr de lui; d'ailleurs, pendant le match, il monopolise le ballon avec aisance. Souleymane essaie de le tacler, mais Carl l'esquive habilement, et marque un but. Il tend les bras vers le ciel, et, prenant la voix d'un commentateur sportif:

CARL. Eh oui, Wiltord a encore marqué!

Tout en continuant à jouer, les élèves s'invectivent sur la Coupe d'Afrique. Arguments techniques et orgueils

2 **prendre qn en charge:** sich um jdn. kümmern, jdn. unterstützen. • 3 **scolariser qn:** jdn. einschulen; hier: jdm. eine Schulbildung ermöglichen. • 3f. **atteint, e de:** mit, befallen von. • 5 **une incivilité:** Unhöflichkeit, Ungezogenheit. • 11 **monopoliser:** hier: bei sich behalten. • **avec aisance** (f.): mit Leichtigkeit. • 12 **tacler qn** (angl., sport): jdn. tacklen; jdn. hart, aber noch fair stoppen, z.B. mit einer Grätsche. • **esquiver qn:** jdm. ausweichen. • 12f. **habilement:** geschickt. • 13 **marquer un but:** ein Tor schießen, punkten. • 16 **s'invectiver:** sich gegenseitig beleidigen. • 17 **un orgueil:** Stolz, Überheblichkeit (*orgueilleux, -euse:* stolz, überheblich).

nationaux se mélangent. Carl semble faire autorité, notamment sur la question du transfert des joueurs de l'équipe de France, ce qui agace profondément Souleymane.

35. Classe. Intérieur jour.

Face à la classe en train de s'installer, François explique les règles du jeu:

FRANÇOIS. Alors, je vous rappelle que c'est pas plus de trois minutes. Il faut que vous arriviez à vous exprimer avec concision. Quand on veut convaincre, il faut aller droit au but. Alors, qui commence?

Nassim est le premier à réagir. Il semble réellement impatient de s'exprimer. Il harangue la classe avec une pointe de provocation à l'attention de Souleymane:

NASSIM. Mesdames et messieurs, aujourd'hui je voudrais spécialement m'adresser à nos amis maliens qui hélas ont connu hier une grosse défaite. Une grosse défaite de 4-0, que leur a fait subir la grande équipe d'Égypte. Eh oui c'est comme ça, et nous

1 **faire autorité** (f.): Ansehen genießen; hier: das Wort angeben. • 10 **avec concision:** kurz und knapp (*la concision:* Knappheit, Kürze, Prägnanz). • 13 **haranguer qn:** eine Ansprache an jdn. halten. • 14 **la pointe de qc:** Anflug, Hauch von etwas. • **à l'attention** (f.) **de:** in Richtung, gerichtet an. • 16 **malien, ne:** aus Mali (*le Mali*) stammend. • 18 **faire subir qc à qn:** jdm. etwas zufügen, jdn. einer Sache unterziehen.

prierons tous pour que l'Égypte batte en finale nos amis ivoiriens. Mais je trouve que les Maliens depuis cette défaite ont une attitude pas correcte. Jusqu'à la demi-finale, ils se disaient africains et maintenant qu'ils sont sortis de la compétition, par la grande équipe d'Égypte, une défaite de 4-0, maintenant qu'ils sont sortis de la compétition ils disent qu'ils s'en fichent de l'Afrique et ça c'est pas bien.

Nous avons ramené dans le scénario les performances argumentatives sur le foot reportées dans le livre. Mais puisqu'il s'agissait, à l'origine, de la Coupe d'Afrique des nations 2004, il y en avait eu une autre entre-temps. Du reste, il y a encore une trace de la compétition de 2004 dans l'évocation de l'équipe du Cameroun par Nassim. Nous avons donc réactualisé tout ça, en fonction aussi de l'origine des uns et des autres, qui se sont chargés de finir le travail en lui donnant tout le jus nécessaire. Quand à l'écran Nassim parle de l'équipe du Maroc (et non de celle de l'Égypte), Boubacar de Didier Drogba ou Carl des Internationaux antillais, il faut savoir qu'ils ne rigolent pas du tout. Ou plutôt qu'ils s'amusent à explorer des contentieux tout à fait sérieux. La scène tire de là son im-

2 **ivoirien, ne:** von der Elfenbeinküste (*la Côte-d'Ivoire*) stammend. • 9 **ramener qc:** hier: etwas übernehmen, übertragen. • 9f. **la performance:** Leistung. • 12 **la coupe:** hier: Pokal, Cup, Meisterschaft. • 14 **une évocation:** Nennung, Darstellung, Erwähnung. • 18 **le jus:** hier: lebendige Darstellung. • 21f. **antillais, e:** von den Antillen (*les Antilles*) stammend. • 22 **ne pas rigoler:** etwas ernst meinen.

payable naturel. Ce qui est stupéfiant, c'est la façon dont on bascule avec tout autant de naturel dans l'élément dramatique et fictionné (en témoigne l'incident avec Souleymane plus loin).

Pendant qu'il parle, Souleymane se contente de hocher la tête dans le genre «cause toujours ...».

NASSIM. Je ne dirai pas les noms mais y'en a dans cette classe qui se sont comportés ainsi, et j'ai envie de leur dire: «Ne soyez pas mauvais joueurs et continuez à être des Africains, même si vous avez une équipe très faible.» Alors j'invite les Maliens à soutenir la grande équipe d'Égypte pour la grande finale qui nous attend samedi devant nos amis camerounais. Merci.

Une partie de la classe applaudit.

François, amusé, interrompt le brouhaha.

FRANÇOIS. Belle démonstration, Nassim! Je pense que tout le monde a compris à qui tu t'adressais. Donc, Souleymane, si tu veux, tu as un droit de réponse.

1 **le naturel:** hier: Natürlichkeit, ungekünstelte Art. • **stupéfiant, e:** verblüffend. • 2 **basculer:** kippen. • 3 **fictionné, e:** fiktional, gespielt. • 3f. **témoigner de qc:** von etwas zeugen, etwas verdeutlichen. • 6 **cause toujours** (fam.): red' du nur! • 13f. **camerounais, e:** aus Kamerun (*le Cameroun*) stammend. • 16 **le brouhaha:** lärmendes Durcheinander, Stimmengewirr, Tohuwabohu.

SOULEYMANE. J'm'en fous moi, il dit c'qui veut ce bâtard.

FRANÇOIS. C'est dommage. Tu es sûr que tu ne veux pas venir au bureau t'exprimer un peu?

SOULEYMANE. Non c'est bon, j'ai rien à dire.

FRANÇOIS. Comme tu veux … Quelqu'un d'autre?

Juliette se propose et vient prendre la place de Nassim.

JULIETTE. Moi je voudrais prendre la parole pour dire que j'en ai marre que les mannequins soient si maigres. D'abord, c'est pas bon pour la santé, et en plus, tout le monde a le droit de faire ce qu'il veut de son corps. Tout ça parce que les hommes ils préfèrent les filles minces, et qu'ils nous traitent de thons dès qu'on a quelques kilos en trop.

L'argumentaire soulève des réactions diverses. Le débat devient houleux: d'un côté, on entend des grands mots (sexisme, discrimination), de l'autre, des allusions à peine voilées sur le physique de Juliette. François est finalement obligé de mettre fin au débat et donne la parole à Boubacar qui lève la main depuis un moment. Il se lève et retire instinctivement sa capuche.

1f. **le bâtard:** uneheliches Kind; hier (vulg.): Bastard. • 15 **le thon** (fam.): hässliches Mädchen, ‚Vogelscheuche'; hier etwa: Fettkloß. • 17 **houleux, -euse:** heftig, stürmisch (*la houle:* Seegang). • 17f. **le grand mot:** übertriebener Ausdruck. • 18f. **une allusion:** Anspielung (*être allusif, -ive:* Anspielungen machen). • 19 **voilé, e:** verschleiert, verdeckt (*le voile:* Schleier).

BOUBACAR. Non, c'est par rapport à qu'est-ce qu'il a dit Nassim. Alors moi j'voudrais m'excuser, parce que c'est vrai 4-0 c'est un peu dur, mais bon quand on est plus fort on est plus fort, mais voilà je m'excuse quand même pour les Maliens, et je pense beaucoup à eux parce qu'une telle défaite ça doit être très dur. Alors que nous les Ivoiriens on est très heureux depuis hier parce qu'on va rencontrer nos amis égyptiens en finale.

Cette dernière tirade fait beaucoup rire la salle. François se laisse aller à sourire.

SOULEYMANE. Oh, ils vont me lâcher, là!

CARL. Non mais monsieur, je peux parler, là? Je peux dire mon opinion? Non mais je suis mort de rire depuis tout à l'heure. Ça fait quinze jours, ils nous gavent avec la Coupe d'Afrique, mais y'a qu'eux que ça intéresse, la Coupe d'Afrique parce que c'est que des équipes de merde.

SOULEYMANE. Eh, on t'a pas demandé ton avis, Antillais de mes deux. Elle est où l'équipe des Antilles?

CARL. Eh, t'es pas au courant, l'équipe des Antilles, c'est l'équipe de France! Thierry Henry, il vient d'où tu crois?

SOULEYMANE. Et Diarra, tu crois qu'il vient d'où?

CARL. Ben justement, il vient du Mali, mais je peux te

10 **la tirade:** Tirade, Wortschwall. • 15 f. **gaver:** stopfen, überfüttern; hier (fam.): in den Ohren liegen, auf die Nerven gehen. • 20 **de mes deux** (vulg.). *de mes deux testicules/couilles:* Scheiß…, du blöde(r) … (Ausdruck der Verachtung; *les testicules*, f., *les couilles*, f., vulg.: Hoden, ‚Eier').

dire, mon frère, il y retournera pas. Il est pas fou, le mec.

SOULEYMANE. Tu me dis pas «mon frère», hein. On est pas du même continent. Nous et les gens comme toi, on a rien à voir ensemble.

Réplique évidemment lourde, très signifiante. L'élève y théorise son attitude plutôt que de l'adopter. Dans l'improvisation sur cette trame, Franck-Souleymane et Carl feront exploser les verrous de la parole. Ils actualiseront l'affrontement par leur tchatche au lieu de le conceptualiser.

SANDRA. Oh! là, là! Comme il est vexéééé …

Pour toute réponse, Souleymane lui adresse un doigt d'honneur.

FRANÇOIS. Eh, Souleymane, il y a des limites, là.

SOULEYMANE. C'est bon j'tai pas parlé toi!

FRANÇOIS. Bon, là, excuse-moi, mais tu me laisses pas le choix. Tu te lèves et tu me suis chez le principal.

5 **avoir à voir qc:** etwas miteinander zu tun haben; hier: etwas gemeinsam haben. • 6 **lourd, e:** hier: schwerfällig. • **signifiant, e:** bedeutsam, wichtig (*insignifiant:* unbedeutend, unwichtig). • 7 **théoriser:** theoretisieren. • 8 **adopter qc:** etwas annehmen; sich etwas zu eigen machen. • **la trame:** Kettfaden eines Gewebes; Gerüst einer Erzählung; hier: Grundlage. • 9 f. **faire exploser les verrous de la parole:** etwa: etwas sprachlich entgleisen lassen (*le verrou:* Riegel). • 11 **conceptualiser qc:** etwa: einer Sache eine innere Logik, einen Zusammenhang geben. • 13 f. **le doigt d'honneur:** Stinkefinger.

Surprise de redécouvrir cette réplique de scénario, conçue avec une intention pédago-psychologique: François, comme le lui fait remarquer Fred, achète la paix sociale avec Souleymane. Il a tacitement signé un pacte de non-agression: je te laisse relativement tranquille si tu ne m'emmerdes pas. Pacte qui exclut la punition, d'où cette formule assez douce: «Excuse-moi mais tu me laisses pas le choix.» On se lance donc dans la scène avec cette idée-là, et puis la violence de Franck-Souleymane, son plaisir à jouer les durs et à pourrir le prof, en même temps qu'un réel plaisir de l'acteur-prof à jouer des dialogues au bord de l'affrontement physique, font qu'une formule aussi émolliente aurait semblé, au sein des prises, une pâquerette au milieu du bourbier. Finalement, cela donne un «tu me suis chez le principal» extrêmement martial. Exemple implacable de la façon dont le présent de la prise, lorsqu'on s'y tient disponible, impose sa chimie et prend le pas sur le programme du scénario.

4f. **tacitement:** stillschweigend. • 5 **le pacte de non-agression:** Nichtangriffspakt (*une agression:* Angriff, Übergriff, Überfall). • 7 **exclure:** ausschließen. • 13f. **l'affrontement physique:** etwa: gewalttätige Auseinandersetzung. • 14 **émollient, e:** erweichend; hier: abschwächend, beruhigend. • 15 **la prise:** *la prise de vues:* (Film-)Aufnahme. • **la pâquerette:** Gänseblümchen. • 16 **le bourbier:** Schlamm, Morast. • 17f. **martial, e:** martialisch, stramm, kriegerisch. • 18 **implacable:** unerbittlich, schonungslos. • 18f. **le présent de la prise:** der Moment der Aufnahme. • 19 **se tenir disponible:** offen sein, sich bereit halten. • 20 **prendre le pas sur:** die Oberhand gewinnen über, stärker sein als.

Louise

Lucie

Nassim

Qifei

Rabah

Khoumba

Samantha

Wei

Sandra est morte de rire.

SANDRA. Oh m'sieur, laissez-le, c'est pas grave, il sait même pas ce que ça veut dire.

Avant de quitter la salle, Souleymane se retourne vers toute la classe à qui il adresse un dernier doigt d'honneur. François le tire par l'épaule:

FRANÇOIS. Bon, allez, tu viens, maintenant.

36. Escaliers, cour. Intérieur + extérieur jour.

Ils descendent lentement les escaliers. François bout intérieurement. L'adolescent traîne les pieds, obligeant son professeur à remonter quelques marches de temps en temps. La scène a des allures de duel silencieux.

La traversée de la cour n'est pas moins laborieuse.

FRANÇOIS. Bon, Souleymane, qu'est-ce qui se passe en ce moment? Tu peux m'expliquer?

L'adolescent tient tête et continue d'avancer à son rythme.

FRANÇOIS. Là, tu es en train de faire une connerie.

9 **bouillir** (itr.): (innerlich) kochen. • 10 **traîner les pieds:** schlurfen. • 14 **laborieux, -euse:** mühsam. • 17 **tenir tête (à qn):** jdm. die Stirn bieten, sich jdm. widersetzen.

Pour le moment, tu te crois fort, mais ce que tu fais là, c'est sur toi que ça va retomber, pas sur moi. Tu le comprends, ça?

Souleymane lui sourit bêtement par provocation, ce qui irrite encore un peu plus François.

FRANÇOIS. T'es vraiment bête!

Cette phrase est devenue: «T'en as pas marre de jouer au con?», beaucoup plus représentative de la rhétorique parfois très familière de ce prof. Et surtout, beaucoup plus au diapason de la rudesse de la prise, très au-dessus de ce que nous avions prévu (voir note précédente). Rudesse dont il faut préciser qu'elle ne trouve son origine en aucune manière dans une tension qui aurait réellement régné sur le tournage. Avec Franck-Souleymane, le problème a plutôt été de l'empêcher de rire entre deux répliques, amusé qu'il était d'avoir, par exemple, à jouer avec son propre principal ... Donc, cette violence des rapports produite à l'écran tire moins son énergie d'une violence réelle que du plaisir des deux acteurs à jouer cette violence. Constat qui vaudrait aussi

2 **retomber sur qn:** jdm. zur Last gelegt werden, auf jdn. zurückfallen. • 9 **familier, -ière:** vertraut; hier: umgangssprachlich. • 10 **au diapason de qc:** an etwas angepasst, auf etwas abgestimmt (*le diapason:* Stimmgabel; Kammerton). • **la rudesse:** Härte, Unverblümtheit. • 22 **le constat, la constatation:** Feststellung. • **valoir:** kosten, wert sein; hier: zutreffen auf, gelten für.

pour la supposée violence de certains ados, lesquels se font un film.

La phrase a résonné dans la cour. François note alors que, amassés à la fenêtre de la classe, les autres élèves les observent en rigolant. Souleymane, l'ayant remarqué aussi, s'arrête pour refaire ses lacets, histoire d'épater la galerie. François tente de retrouver son calme, mais on le sent encore fébrile. Il attend patiemment que l'élève se redresse. Après avoir pris son temps, Souleymane reprend sa marche en direction du local administratif. François le suit deux pas derrière lui, silencieux.

37. Bureau du principal. Intérieur jour.

Devant le bureau du principal, ils se toisent une dernière fois, puis François frappe à la porte. Le principal les invite à entrer.

LE PRINCIPAL. Alors? Qu'est-ce qui se passe avec Souleymane?

1 **supposé, e:** angenommen, vermutet. • 2 **se faire un film** (fam.): etwa: eine Show abziehen. • 4 **s'amasser:** sich drängen. • 6 **le lacet:** Schnürsenkel. • 7 **épater la galerie** (fam.): etwa: Eindruck schinden. • 11 **le local administratif:** Verwaltungstrakt. • 14 **se toiser (du regard):** sich gegenseitig verächtlich anschauen.

L'adolescent s'assied presque instinctivement dans le bureau du principal.

FRANÇOIS. Ben justement, j'aimerais bien le savoir.
LE PRINCIPAL. Ben, on va tâcher de comprendre, hein, Souleymane?

L'adolescent semble bien décidé à se taire. François quitte la pièce.

38. Salle du conseil de classe. Intérieur jour.

Autour d'une table en U, le conseil de classe réunit tous les profs, des membres de l'administration et un représentant des parents d'élèves. Les élèves sont quant à eux représentés par Sandra et Louise, qui ne cessent de papoter en sourdine.

Le principal prend un nouveau dossier.

LE PRINCIPAL. Alors, Burak
FRANÇOIS. Rien à dire.

Un rapide tour de table. Tout le monde est d'accord. très bon trimestre.

LE PRINCIPAL. Alors, Angelica Traoré?

4 **tâcher de faire qc:** versuchen etwas zu tun. • 8 **le conseil de classe:** Klassenkonferenz. • 12 f. **ne pas cesser de faire qc:** ständig etwas tun. • 13 **papoter:** schwätzen, quasseln. • 17 **faire un tour de table:** sich reihum äußern.

VINCENT. Ben je crois que c'est tout simplement un trimestre pour rien.

SOPHIE. Elle ne fait rien, mais alors rien de chez rien.

RACHEL. C'est surtout le comportement. Elle est intenable, y'a pas d'autre mot.

ANNE. Le pire, c'est qu'elle nie l'évidence en permanence, c'est hyper agaçant. Hier j'ai fini par l'exclure au bout de trente minutes où elle avait pas arrêté, et elle était scandalisée, elle trouvait encore quelque chose à redire. Non vraiment c'est invivable.

LE PRINCIPAL. Alors qu'est-ce qu'on fait? On l'avertit?

Une approbation générale parcourt la table en U; le principal, qui a armé son stylo, attend.

4f. **intenable:** nicht haltbar; unerträglich. • 7 **hyper** (fam.): äußerst, extrem. • 9f. **trouver qc à redire:** etwas auszusetzen haben. • 10 **invivable:** unerträglich, nicht auszuhalten. • 11 **avertir qn:** jdn. informieren; hier: jdn. ermahnen. • 12 **une approbation:** Zustimmung.

LE PRINCIPAL. Avertissement travail ou conduite?

Nouveau murmure autour de la table.

FRED. Travail, c'est le minimum.
SOPHIE. Oui, travail.
RACHEL. Et conduite, quand même.
HERVÉ. Oui, conduite, c'est la moindre des choses.

Le principal, qui semble lassé par la monotonie du débat, résume la décision pour clore plus vite la discussion:

LE PRINCIPAL. Travail et conduite, donc?

Tout le monde semble d'accord. Le stylo du principal note la sanction dans une case du bulletin.

LE PRINCIPAL. Avertissement de travail et de conduite, c'est noté. On passe à Dalla.
HERVÉ (*souriant*). En sport, c'est une vraie gazelle.
FRED. En histoire, ce serait plutôt une pie.

Le principal s'est tourné vers ceux qui n'avaient pas encore délivré leur diagnostic.

LE PRINCIPAL. Alors? Pie ou gazelle?

1 **un avertissement conduite:** Bemerkung im Zeugnis bzgl. des Schülerverhaltens. • 6 **la moindre des choses:** das Mindeste. • 7 **lassé, e:** ermüdet, müde. • 8 **clore:** abschließen, zum Abschluss bringen, beenden. • 12 **la case:** Kästchen (auf einem Formular). • 14 **passer à qn/qc:** zu jdm./etwas übergehen. • 16 **la pie:** Elster; hier (fam.): Quasselstrippe.

Même si Sandra et Louise, les deux déléguées, font semblant d'être offusquées, elles pouffent de rire en entendant la formulation. Leurs bavardages et leurs gloussements irritent les enseignants depuis un moment déjà. Sandra, prise d'un véritable fou rire, décide de sortir un moment. François la regarde quitter la pièce, franchement agacé.

LA REPRÉSENTANTE DES PARENTS D'ÉLÈVES. Pour en revenir à Dalla, je tiens quand même à vous donner certaines informations que vous n'avez peut-être pas: le père de Dalla est décédé en milieu de trimestre. Bon, c'est vrai qu'elle ne l'a pas beaucoup connu puisqu'il vivait à Dakar. Mais quand même, je pense que l'événement a laissé des traces psychologiques profondes. Je regrette d'ailleurs qu'il n'y ait pas eu de suivi à ce niveau-là …

Moues sceptiques autour de la table.

RACHEL. Moi j'l'ai pas vue traumatisée, loin de là.

FRANÇOIS. Oui, ça m'est pas apparu non plus. On sait jamais, mais *a priori*, là …

LE PRINCIPAL. Alors, avertissement ou pas avertissement?

VINCENT. Vraiment, je crois que le moment serait très mal choisi. Je ne dis pas que c'est une élève facile,

1 **le délégué / la déléguée (de classe):** Klassensprecher(in); hier: Klassenvertreter(in). • 2 **pouffer de rire:** losprusten, in Lachen ausbrechen. • 5 **le fou rire:** unbändiges Lachen, Lachkrampf. • 7 **franchement:** aufrichtig; hier: sichtlich, ganz schön. • 11 **décéder:** sterben. • 16 **le suivi:** Weiterverfolgung; hier: Betreuung. • **à ce niveau-là:** hier: in dieser Hinsicht.

mais moi, je crois qu'elle bosse. En classe, elle participe beaucoup, son boulot est fait tous les jours … Faut lui laisser une chance de se calmer.

LE PRINCIPAL. Alors je mets que le comportement doit s'améliorer de toute urgence.

Sandra revient s'installer à sa place. Elle a rapporté deux canettes de Coca pour elle et sa copine.

LE PRINCIPAL. Ça va mieux, Sandra? Finalement c'est très amusant comme rôle, déléguée. On ne comprend pas que ça suscite si peu de vocations.

Sandra marmonne deux ou trois mots d'excuses tout en ouvrant sa canette.

LE PRINCIPAL. Bien, on passe à … Doucouré Souleymane.

ANNE. C'est pas moi qui commence …

Des sourires attendus parcourent l'assemblée.

LE PRINCIPAL. Alors? Qu'est-ce qu'on en dit?

SOPHIE. Du mal!

LE PRINCIPAL. Mais encore?

FRANÇOIS. Bon … Les résultats sont très faibles. Il y a de grosses difficultés avec l'écrit. On en avait déjà parlé l'an dernier et depuis il a encore accumulé le retard.

5 **de toute urgence:** ganz dringend. • 7 **la canette:** (Getränke-)Dose. • 10 **susciter des vocations:** etwa: Bewerber anlocken (*la vocation:* Berufung). • 22 **accumuler:** ansammeln, anhäufen.

VINCENT. Il fait pas beaucoup d'efforts non plus. S'il avait ses affaires, déjà ça irait mieux.
FRED. C'est même pas ça. C'est que, de mois en mois, il devient de plus en plus intenable.

Sandra intervient, levant le doigt pour prendre la parole.

SANDRA. Est-ce que je peux prendre la parole, s'il vous plaît?
LE PRINCIPAL. Oui, tu es là pour ça.
SANDRA. La moyenne générale de Souleymane, elle est passée de 6,75 au premier trimestre à 7,25, ça veut dire il a fait des efforts quand même.
LOUISE. Quand on lui a parlé avant le conseil, il a dit qu'il allait travailler après.
RACHEL (*souriante*). Avant le conseil, ils disent tous qu'ils vont faire des efforts.
LE PRINCIPAL. De toute façon, on est pas en train de parler de ses résultats, on parle de son comportement.
VINCENT. Il serait temps d'envisager une sanction, parce que sinon ça va aller en empirant.
ANNE. Moi, c'est simple, une fois sur deux, je le vire avant la fin du cours.
PATRICK. Enfin, moi, j'essaie de ne pas l'exclure puisque de toute façon, il n'attend que ça.
SOPHIE. Ah oui, ça, c'est sûr. Tu le vires, il a un sourire

2 **les affaires** f.: hier: Schulsachen. • 10 **la moyenne générale:** Gesamtdurchschnitt. • 20 **envisager qc:** etwas ins Auge fassen. • 21 **aller en empirant:** sich verschlimmern (*empirer*, itr.: sich verschlimmern). • 22 **virer qn** (fam.): jdn. hinauswerfen, feuern.

jusque-là … Non, je suis d'accord, il faut trouver des sanctions plus convaincantes.

FRANÇOIS. Je suis pas sûr que ce soit la solution pour Souleymane. Je crois que si on commence à rentrer dans une logique de sanction, c'est là que ça risque de vraiment mal se passer.

FRED. Mais ça se passe déjà mal! Il fait rien, et c'est limite s'il en veut pas aux autres d'avoir un comportement normal.

FRANÇOIS. Là, je trouve que tu exagères un peu. Encore une fois dans mes cours, il est plutôt tranquille.

FRED. Oui mais François, notre rôle, c'est pas de laisser les élèves tranquilles au fond de la classe, juste pour avoir la paix. Ces gamins-là, il faut un peu aller les chercher.

FRANÇOIS. Moi, je pense qu'on peut arriver au même résultat sans passer par la menace, j'ai pas envie de virer Souleymane à chaque cours, c'est tout. C'est un garçon qui a vraiment des qualités, des centres d'intérêt … Bon, OK, quand tu regardes ses résultats, c'est pas terrible, ça progresse à peine.

FRED. Donc on laisse le type s'enfoncer tout seul dans son coin, et comme il nous fout à peu près la paix, on le secoue pas. Trop facile. C'est comme acheter la paix sociale, ton truc.

Sandra et Louise s'amusent de la polémique entre

2 **convaincant, e:** hier: wirksam. • 22 **terrible** (fam.): toll, großartig. • **progresser:** vorankommen, vorrücken; hier: besser werden, Fortschritte machen. • 23 **s'enfoncer:** versinken, versacken. • 24 **foutre la paix à qn** (fam.): jdn. in Ruhe lassen. • **à peu près:** hier: im Großen und Ganzen. • 25 **secouer qn:** hier: jdn. wachrütteln.

leurs deux profs. Le principal essaie de reprendre le débat en main.

LE PRINCIPAL. Bon, est-ce qu'on serait d'accord là-dessus: il faut sérieusement le prévenir que cette fois, il va falloir qu'il s'y mette, sinon on aura recours à des sanctions plus graves.

FRANÇOIS. Moi, j'irais pas contre, mais il faut bien se dire qu'il en fera pas beaucoup plus. Non, je crois tout simplement qu'il a atteint ses limites, parce qu'il est scolairement limité, c'est tout.

Sandra et Louise font semblant d'être offusquées par la remarque de François, mais éclatent de rire.

LE PRINCIPAL. Bon, je note quoi là, alors? Moi, je suis un peu bête, mais j'ai une case à remplir, là.

Fred et François restent muets.

39. Classe. Intérieur jour.

Au beau milieu d'un cours, Rabah prend la parole pour commenter le conseil de classe de la veille:

RABAH. Monsieur, ça se fait pas, j'avais 11,47 de

4 **prévenir qn:** jdn. warnen. • 5 **avoir recours à qc:** etwas verwenden, zur Anwendung bringen, zu etwas greifen. • 10 **scolairement:** in schulischer Hinsicht. • **limité, e:** eingeschränkt; hier: beschränkt. • 15 **muet, te:** stumm.

moyenne générale, et ils ont mis 11,4, elle m'a dit, Sandra.

Le «elle m'a dit, Sandra» saute pendant la prise, pour des raisons de cohérence de scène (le prof demandera d'où vient l'information) autant que de jeu. Pour le reste, Rabah est parfait dans cette sortie. Pourquoi? Parce que les élèves sont coutumiers de ce genre de chipotage, et surtout de la mauvaise foi volontaire avec laquelle ils revendiquent une décimale de plus à leur moyenne. Bref, ils sont habitués à jouer ce rôle-là à chaque fin de trimestre. Il n'est pas compliqué de leur demander de jouer une situation qui procède déjà du jeu. Cela vaudrait pour tout le film. Des acteurs de l'école (comme on ne croit pas si bien dire) continuent à jouer à l'école devant la caméra.

FRANÇOIS. C'est quoi le rapport avec la poésie, Rabah?
RABAH. Ils m'ont baissé ma moyenne, c'est abuser.
FRANÇOIS. Heu, je te signale que «ils» c'est nous, c'est les profs et le principal.
RABAH. Ça se fait pas, 11,47, ça fait 11,5.
FRANÇOIS. C'est vrai que c'est très très grave, Rabah!

4 **la cohérence:** Kohärenz, Zusammenhang, innere Logik. • 7f. **être coutumier, -ière de qc:** etwas gewohnt sein. • 8 **le chipotage:** kleinlicher Handel, Streiterei. • 9 **volontaire:** freiwillig; hier: vorsätzlich. • 9f. **revendiquer qc:** etwas fordern. • 13 **procéder de qc:** von etwas die Folge sein. • 15 **ne pas croire si bien dire:** den Nagel auf den Kopf treffen, gar nicht wissen, wie recht man hat. • 18 **abuser:** übertreiben; hier: willkürlich vorgehen. • 19 **signaler qc:** etwas mitteilen.

C'est même un vrai *casus belli*. Tu sais ce que c'est un *casus belli*? Si tu sais, tu as le droit de continuer à te plaindre.

RABAH. J'm'en fous moi.

FRANÇOIS. Ah ben en tout cas, ça fait plaisir de voir que Sandra a pu te dire quelque chose ... Parce que j'ai pas eu l'impression que vous écoutiez vraiment ce qui se disait, au conseil.

Louise brandit un cahier rempli de notes:

LOUISE. Vous rigolez ou quoi? Regardez tout ce que j'ai noté.

FRANÇOIS. OK, c'est très bien Louise. L'incident est clos, on va continuer le cours, si tu veux bien.

Les deux adolescentes se jettent un regard scandalisé. Alors que François finit de recopier au tableau un quatrain de poésie, Souleymane, qui ne veut pas s'en tenir là, relance:

SOULEYMANE. J'peux poser une question?

FRANÇOIS (*sans se retourner*). Je t'écoute Souleymane.

SOULEYMANE. C'est vrai ce qu'elles disent, comme quoi vous m'avez cassé et tout?

François termine d'écrire sa phrase au tableau, en réfléchissant à sa réponse.

1 **casus belli** (lat.): Kriegsgrund. • 9 **brandir qc:** etwas schwenken, hoch halten. • 12f. **être clos, e:** zu Ende sein, abgeschlossen sein. • 16 **le quatrain:** Vierzeiler, Gedicht aus vier Verszeilen. • 17 **relancer:** neu ansetzen, wieder beginnen. • 21 **casser qn** (fam.): etwa: jdn. niedermachen.

FRANÇOIS. On t'a mal informé, visiblement. C'est pas moi spécialement qui t'ai cassé, mais certains ont dit qu'il y avait des problèmes, oui.

SOULEYMANE. Pourquoi toujours les profs ils veulent s'venger?

FRANÇOIS. Attends! De quoi tu parles, là? C'est pas de la vengeance.

SOULEYMANE. Quand vous m'dites je vais avoir des ennuis, pour moi c'est d'la vengeance.

FRANÇOIS. C'est de la discipline, c'est pas pareil.

SOULEYMANE. Vous vous vengez parce que vous avez trop la rage pour l'autre jour que j'ai voulu partir de la classe sans demander.

FRANÇOIS. Quand un juge met quelqu'un en prison, c'est pas d'la vengeance, c'est pour que la société fonctionne.

SOULEYMANE. Vous, vous êtes pas juge.

FRANÇOIS. Oui merci, j'avais remarqué, et parfois je le regrette, crois-moi.

SOULEYMANE. Vous vous vengez, c'est tout.

FRANÇOIS. Mais je t'assure que j'ai pas besoin de me venger de toi.

Sandra réagit au quart de tour:

SANDRA. Vous dites vous vous vengez pas, mais hier, vous l'avez quand même traité, Souleymane.

FRANÇOIS. Mais pas du tout.

LES FILLES EN CHŒUR. Si, c'est vrai.

1 **visiblement:** offensichtlich. • 11 f. **avoir la rage** (fam.): wütend sein. • 23 **au quart de tour:** unverzüglich, sofort (*le tour:* [Um-]Drehung). • 25 **traiter qn** (fam.): eigtl.: *traiter qn de qc:* jdn. beleidigen, jdn. … nennen.

Louise se reporte à ses notes et se tourne vers Souleymane:

LOUISE. Il a dit que t'étais limité. Tu vois, je l'ai même souligné tellement j'étais trop choquée.

La remarque laisse Souleymane un peu KO. Il semble humilié que cette réflexion sorte devant toute la classe.

SOULEYMANE. J'm'en bats les couilles moi.

François, effrayé d'avoir pu blesser l'adolescent, reporte sa colère sur les deux filles:

FRANÇOIS. Dites donc toutes les deux, vous avez choisi d'être déléguées pour représenter vos copains, ou juste pour foutre le bordel en racontant n'importe quoi?

LOUISE. On a fait ce qu'on doit faire dans les conseils, c'est tout.

FRANÇOIS. D'ailleurs j'ai pas eu l'occasion de vous le dire, mais franchement, tout le long du conseil, j'étais très mal pour vous. Ce n'était ni le moment ni le lieu pour ricaner comme ça.

SANDRA. Sérieux, ça dérangeait pas.

FRANÇOIS. Ah si, ça dérangeait ... Je m'excuse mais moi, rire comme ça en plein conseil, c'est c'que j'appelle une attitude de pétasse.

7 **je m'en bats les couilles** (f.; vulg.): etwa: ich scheiß' drauf (*les couilles*, vulg.: ‚Eier'). • 12 **foutre le bordel** (vulg.): Unruhe stiften. • 18 **être très mal pour qn** (fam.): sich für jdn. schämen. • 23 **la pétasse** (vulg.): Prostituierte, Schlampe; hier: doofe Ziege.

KHOUMBA. C'est bon, ça se fait pas de traiter ses élèves, m'sieur.

FRANÇOIS. On dit pas traiter, on dit insulter.

SANDRA. C'est pas la peine de nous insulter de pétasse.

FRANÇOIS. On dit «insulter» tout court, ou «traiter de». Mais pas un mélange des deux. Je vous ai insultées ou alors, je vous ai traitées de pétasses ... J'ai pas dit que vous étiez des pétasses, j'ai dit que sur ce coup-là, vous aviez eu une attitude de pétasse.

Ici s'est glissée une intervention de Carl: «Arrêtez de nous embrouiller, vous les avez traitées de pétasses c'est tout.» Difficile de se rappeler comment cela est venu. L'avait-on demandé à Carl avant la prise? L'a-t-il dit de son propre chef, utilisant la marge d'initiative qu'on laissait à tous à côté de la trame écrite? En tout cas, cela permet de corser la scénographie du «seul contre tous». Et de montrer François perdant pied. Pour la seule et unique fois dans le film, il va, afin de se remettre d'aplomb, afficher un certain surplomb culturel en répondant, hors de lui: «Non, non, je ne suis pas en train

3 **insulter:** beleidigen. • 8f. **sur ce coup-là:** bei dieser Gelegenheit, bei diesem Anlass. • 10 **se glisser:** sich einschleichen. • 11 **embrouiller qn:** jdn. durcheinanderbringen, verwirren. • 14 **de son propre chef:** von selbst. • 15 **la marge d'initiative:** Handlungsspielraum. • 16 **corser qc:** etwas würzen; hier: etwas interessanter machen. • 17 **la scénographie:** Inszenierung. • 18 **perdre pied:** nicht mehr stehen können (im Wasser); hier: unsicher werden, den Boden unter den Füßen verlieren. • 19 **se remettre d'aplomb:** wieder ins Gleichgewicht kommen; hier: wieder selbstsicher werden. • 20 **le surplomb:** Vorsprung, Überhang; hier: Bildungsvorsprung.

de vous ‘embrouiller’, je suis en train de poser une nuance. Tu comprends ce que ça veut dire ‘nuance’?» Une phrase bien plus choquante que le terme de «pétasse» mais que Carl ne relève pas.

Souleymane, qui bout depuis le début de l’altercation, explose d’un coup.

SOULEYMANE. Vas-y, ça va bien d’les traiter comme ça!
FRANÇOIS. D’abord, Souleymane, je crois que Sandra et Louise sont assez grandes pour se défendre toutes seules. Et puis tu me parles pas sur ce ton.
SOULEYMANE. T’as vu le ton que tu nous parles, toi?
FRANÇOIS. Je t’ai déjà dit qu’on ne se tutoyait pas.
SOULEYMANE. Ça va pas du tout comment vous parlez aux gens, là.
FRANÇOIS. Je te demande juste de me parler sur un autre ton.
SOULEYMANE. Je parle comme je veux.
FRANÇOIS. Oui, tu parles comme tu veux mais là maintenant tu vas te taire, j’te promets que tu vas t’taire!
SOULEYMANE. Si j’veux j’me tais.
FRANÇOIS. Tu sais c’qui va t’arriver si tu parles comme ça, tu le sais bien.
SOULEYMANE. Tu te crois fort, hein?
FRANÇOIS. C’est pas la question d’être fort ou pas, c’est d’arrêter de parler de façon indigne à un adulte.

5 **une altercation:** Auseinandersetzung. • 25 **indigne:** unwürdig, unangemessen.

Souleymane commence à ranger ses affaires, pour ne pas avoir à regarder François dans les yeux.

SOULEYMANE. Ouais, c'est ça! Tous les jours je te prends la gueule, moi.

Khoumba, subitement inquiète, essaie de raisonner Souleymane:

KHOUMBA. Mais t'es guedin ou quoi. Tu réponds pas, c'est tout.

SOULEYMANE. Oh c'est bon, vous m'cassez les couilles tous.

Il se lève en donnant un coup de pied dans sa chaise qui bascule bruyamment et se dirige vers la porte. Au passage, Carl le rattrape brutalement par le bras.

CARL. Hey, calme-toi, mon pote.

SOULEYMANE. Toi, ta gueule Antillais de mes couilles.

Craignant une bagarre, François accourt:

FRANÇOIS. Eh, doucement tous les deux.

Pour se dégager, Souleymane essaie de donner un coup

3f. **je te prends la gueule** (fam.): etwa: ich werde angeschnauzt. • 5 **raisonner qn:** jdn. zur Vernunft bringen, jdm. vernünftig zureden. • 7 **guedin** (verlan): *dingue* (fam.): verrückt. • 9 **casser les couilles à qn** (vulg.): jdm. auf die Nerven gehen. • 13 **rattraper qn:** jdn. packen, festhalten; jdn. einholen. • 15 **Antillais de mes couilles** (vulg.): etwa: Scheiß-Antiller. • 16 **la bagarre:** Streit, Schlägerei. • **accourir:** herbeieilen. • 18 **se dégager:** sich losreißen.

à Carl avec son sac à dos, mesure mal son geste et atteint Khoumba à la tête. L'adolescente hurle en portant sa main à l'arcade sourcilière qui se met à saigner.

Souleymane s'éclipse tandis que le sang de Khoumba continue de tacher le sol à ses pieds.

40. Salle des profs. Intérieur jour.

Gros plan sur une feuille de papier sur laquelle François commence à écrire: «Fiche incident, 11 avril 2008». François est seul dans un coin de la salle des profs, déserte. Il écrit quelques mots puis s'interrompt, lit ce qu'il vient d'écrire puis repose son stylo.

41. Bureau du principal. Intérieur jour.

Le principal lit attentivement la fiche sous le regard inquiet de François. À la fin de sa lecture, le principal marque un moment de silence.

LE PRINCIPAL. Bon … Alors, qu'est-ce qu'on fait? Sincèrement, je crois qu'on ne peut plus faire l'économie d'un conseil de discipline.

FRANÇOIS. Oui. J'sais pas …

1 f. **atteindre qn:** jdn. treffen. • 2 **hurler:** brüllen, aufheulen. • 3 **une arcade sourcilière:** Augenbraue(nbogen). • 5 **tacher qc:** etwas beflecken, beschmutzen. • 15 **marquer un moment de silence:** einen Augenblick lang schweigend verharren. • 17 f. **faire l'économie** (f.) **de qc:** sich etwas sparen, auf etwas verzichten.

LE PRINCIPAL. Écoutez, ça me paraît difficile de laisser passer: y'a le tutoiement, cette bagarre avec Carl, Khoumba qui a été blessée, le fait que Souleymane se soit enfui. Ça fait beaucoup, non?

FRANÇOIS. Ben il faut voir aussi que chaque chose en a entraîné une autre. À un moment, ça s'est enchaîné, et voilà.

LE PRINCIPAL. Oui, mais ce n'est pas anodin, vous en conviendrez.

Face au mutisme de François, le principal se lève et conclut:

LE PRINCIPAL. Bon, quoi qu'il arrive, je l'ai exclu pour une semaine. Ça nous laisse un peu de temps pour prendre une décision.

François quitte la pièce.

42. Couloir, escalier. Intérieur jour.

À la porte du bureau, Julie, la CPE, attend François.

JULIE. Salut, je peux te parler une minute?
FRANÇOIS. Oui.

2 **le tutoiement:** Duzen (*le vouvoiement:* Siezen; *tutoyer:* duzen; *vouvoyer:* siezen). • 4 **s'enfuir:** flüchten; hier: sich unerlaubt entfernen. • 6 **entraîner qc:** etwas mit sich bringen. • **s'enchaîner:** sich verketten, aufeinander folgen. • 9 **convenir de qc:** sich auf etwas einigen; etwas zugeben. • 10 **le mutisme:** Schweigen.

Ils entament la discussion en traversant le couloir qui mène à la cour.

JULIE. Je suis désolée de t'embêter avec ça, mais il y a un peu des bruits qui courent.

FRANÇOIS. Des bruits?

JULIE. Ben, y'a des gamines qui disent que tu les as insultées pendant le cours.

FRANÇOIS. Qui t'a dit ça? C'est Sandra, ou Louise?

JULIE. Ben … Elles disent que tu les as traitées de pétasses, et selon elles, ça aurait tout déclenché.

FRANÇOIS. On est pas forcés de les croire, si?

Au final: «Et toi on te dit ça et tu le crois?» Pour le coup, c'est vraiment du pareil au même, la réplique écrite ne semble pas plus figée, moins orale, moins prononçable que la phrase finalement prononcée. Mais l'important est que l'acteur sente qu'il a une marge de manœuvre; libre à lui de l'utiliser ou non. Cela permet de ne pas se crisper sur le par cœur, de ne pas se crisper tout court.

JULIE. Non non, mais comme tu l'as pas signalé dans la fiche incident, j'voulais être sûre.

FRANÇOIS. Si je l'ai pas mis, je l'ai pas mis, qu'est-ce que tu veux que j'te dise.

13 **c'est du pareil au même:** das ist Jacke wie Hose, das läuft auf dasselbe hinaus. • 14 **figé, e:** starr, ausdruckslos; hier: förmlich. • 17 **la marge de manœuvre:** Handlungsspielraum. • 18f. **se crisper (sur qc):** sich verkrampfen; hier: sich an etwas festbeißen. • 19 **le par cœur:** hier: der auswendig gelernte Text.

JULIE. Mais ça a eu lieu ou pas?
FRANÇOIS. Quoi?
JULIE. Que tu les as traitées de pétasses.
FRANÇOIS. Oui, mais vraiment, c'est pas ça, ça n'a rien à voir avec Souleymane.
JULIE. Non, j'm'en doute, mais je préfère te prévenir. D'ailleurs, si tu pouvais me donner du boulot pour la semaine, à faire par Souleymane, je lui refilerai.
FRANÇOIS. Oui oui, pas de problème.

François a répondu mécaniquement car, par la fenêtre, il vient d'apercevoir Sandra dans la cour.

43. Cour. Extérieur jour.

François traverse précipitamment la cour et s'approche de Sandra comme s'il était prêt à se bagarrer.

FRANÇOIS. Sandra, viens me voir un peu là.

Ils s'écartent légèrement des autres élèves.

FRANÇOIS. J'apprends que tu vas te plaindre de moi à la CPE, bravo, merci pour tout.

Prise au dépourvu, Sandra bégaye un peu.

8 **refiler qc à qn** (fam.): jdm. etwas weitergeben. • 19 **être pris, e au dépourvu:** überrumpelt sein. • **bégayer:** stammeln, stottern (*le bégaiement:* Stottern).

SANDRA. Eh ben oui quoi?

FRANÇOIS. Tu pouvais pas venir t'expliquer directement avec moi?

SANDRA. C'est parce que vous nous avez insultées de pétasses.

FRANÇOIS. D'abord je vous ai pas insultées de pétasses comme tu dis, et ensuite la moindre des choses c'est d'abord de venir me voir pour qu'on s'explique.

Louise rejoint sa copine et entre dans la conversation:

LOUISE. Nous quand les profs ils se plaignent ils vont voir la CPE, j'vois pas pourquoi on irait pas la voir quand vous faites des choses pas bien.

FRANÇOIS. Eh ben non, c'est pas si logique comme raisonnement. Ça marche pas forcément dans les deux sens, figure-toi.

Il a haussé le ton. Un groupe s'est formé autour d'eux. On remarque que Khoumba a un pansement sur l'arcade sourcilière.

KHOUMBA. C'est normal que nous aussi on fait ça quand on est pas content, sinon c'est trop facile.

FRANÇOIS. Et qu'est-ce que t'en attendais?

SANDRA. Quoi?

FRANÇOIS. En allant voir la CPE, vous attendiez quoi?

SANDRA. J'sais pas.

FRANÇOIS. Vous attendiez quoi?

SANDRA. Rien, c'était pour le dire c'est tout.

15 **se figurer qc:** sich etwas vorstellen. • 16 **hausser le ton:** lauter werden. • 17 **le pansement:** Verband, Pflaster.

FRANÇOIS. Vous attendiez qu'elle me punisse?

SANDRA. Encore faut pas vous plaindre parce que nous au début on voulait le dire aux parents.

FRANÇOIS. Mais fallait l'faire, pourquoi vous l'avez pas fait? J'les attends vos parents.

SANDRA. Oh! là, là! Dites pas ça, mon père il apprend que vous m'avez insultée de pétasse il vous tue, j'vous jure sur la vie d'mes enfants de plus tard.

Ce «sur la vie d'mes enfants de plus tard» est une invention du livre. Elle faisait beaucoup rire lors des lectures publiques. Nous avions envie de la reporter dans le scénario. Mais demander à Esméralda-Sandra de dire précisément ça, qu'elle n'a jamais dit de sa vie (préférant le très répandu «sur le Coran», ou le très philologique «sur le Coran de La Mecque»), c'était encore entrer dans une logique de bon mot, voire de mot d'auteur. Requise par son énergie propre, la scène ne voulait pas de cette importation d'un élément extérieur. Ce qui n'empêche pas qu'elle soit conforme à ce que nous avions écrit – mais avec des mots, des intonations, des gestes fabriqués sur place.

FRANÇOIS. Si ton père fait un drame pour rien, c'est bien ton père.

SANDRA. Vous savez c'est quoi une pétasse?

FRANÇOIS. Oui je sais c'est quoi une pétasse, et alors?

17 **voire:** (ja) sogar. • **requérir qc:** etwas erfordern, notwendig machen.

La question se pose pas puisque je vous ai pas insultées de pétasses.

SANDRA. Pour moi une pétasse, j'suis désolée, mais c'est une prostituée.

FRANÇOIS. Mais c'est pas du tout ça une pétasse.

SANDRA. C'est quoi alors?

FRANÇOIS. Une pétasse, c'est … C'est … C'est une fille pas maligne qui ricane bêtement. Et vous, à un moment vous avez eu une attitude de pétasse. Quand vous vous êtes esclaffées pendant le conseil, c'était comme des pétasses.

SANDRA. Pour moi c'est pas ça, pour moi, une pétasse, c'est une prostituée.

Elle prend à témoin le cercle de filles.

SANDRA. Les filles, «pétasse» ça veut dire «prostituée» ou quoi?

Toutes acquiescent.

KHOUMBA. Mais arrête de nous soûler avec ton histoire, toi.

SANDRA. Mais attends, c'est pas normal qu'on se fasse traiter par les profs à l'école.

KHOUMBA. Mais on s'en fout de toi, y'a pas qu'toi dans c'collège, c'est bon!

Sandra est scandalisée par les reproches de sa copine.

8 **pas malin, maligne** (fam.): doof (*malin, maligne:* schlau, pfiffig, gerissen).

SANDRA. Ben qu'est-ce qui t'arrive toi, t'as pété un câble ou quoi?

KHOUMBA. Tu comprends pas que tout le monde il s'en fout de ta gueule.

SANDRA. On voit qu'c'est pas toi qui t'es fait insulter de pétasse.

KHOUMBA. Non, c'est vrai, c'est pas le problème, le problème, c'est pour Souleymane. Mais ça tu t'en fous, évidemment. (*Elle se retourne vers François.*) Qu'est-ce qui va se passer pour Souleymane? Il va passer en conseil de discipline?

François est pris au dépourvu.

FRANÇOIS. C'est une possibilité parmi plein d'autres.

KHOUMBA. C'est ça, ouais! On sait bien que c'est déjà décidé.

FRANÇOIS. Non non, rien n'est décidé, c'est pas vrai.

JUSTINE. Tu parles.

FRANÇOIS. Khoumba, je te rappelle qu'il t'a blessée. C'est pas rien quand même.

KHOUMBA. Mais il a pas fait exprès.

FRANÇOIS. T'as vu comment tu saignais? J't'apprends rien, non?

KHOUMBA. C'est à cause de la boucle de son sac, y'a une boucle en fer … C'est l'arcade sourcilière … Le docteur il me l'a dit, rien qu'un p'tit coup de rien et ça pisse le sang …

1f. **t'as pété un câble?:** etwa: ist bei dir eine Schraube locker? (*péter*, fam.: durchbrennen, platzen, kaputtgehen; *le câble:* Kabel, elektrische Leitung). • 23 **la boucle:** Schlaufe, Schnalle. • 26 **pisser le sang** (fam.): ohne Unterlass bluten.

FRANÇOIS. Quelles que soient les conséquences, il a eu un comportement violent.

Carl intervient:

CARL. Souleymane il avait la rage, il a juste pété les plombs. Ça peut arriver à tout le monde.

FRANÇOIS. Oui, mais visiblement, y'a possibilité de se calmer, après.

CARL. Pas sûr, ça, m'sieur.

FRANÇOIS. Par exemple, toi, tu t'es calmé non?

CARL. Non, je me suis pas calmé, moi, m'sieur.

FRANÇOIS. Tu t'es pas calmé?

CARL. Non, pas moi.

FRANÇOIS. Ne sois pas de mauvaise foi, Carl. La semaine dernière tu me disais que tu te sentais mieux maintenant.

CARL. J'ai jamais dit ça.

FRANÇOIS. Tu m'as jamais dit ça?

CARL. Non j'ai jamais dit ça. J'ai jamais dit que je m'étais calmé … Qu'est-ce qui croit, lui? Je m'suis pas calmé, moi.

FRANÇOIS. Tous les profs sont d'accord avec moi pour dire que t'es un élève attentif, calme, motivé …

CARL. Qu'est-ce que ça veut dire, ça? Ça veut dire vous êtes les plus forts, vous avez réussi à me calmer, c'est ça que ça veut dire?

FRANÇOIS. Non, mais peut-être que tu as compris un truc, c'est tout. Et peut-être que c'est le conseil de discipline qui t'a aidé à le comprendre.

4 f. **il a pété les plombs:** ihm ist die Sicherung durchgebrannt (*le plomb:* Blei; Sicherung).

CARL. J'ai rien compris, moi.

FRANÇOIS. Les profs qui ont décidé ça pour toi, c'était peut-être pour t'aider, non? Souleymane aussi, ça lui ferait peut-être du bien d'aller voir ailleurs …

CARL. Attendez, moi, les profs qui ont fait ça, pour moi, c'est des enculés, c'est tout.

FRANÇOIS. Non mais tu t'entends, là? Tu peux pas parler comme ça.

CARL. C'est des enculés, c'est tout.

FRANÇOIS. Attendez! Vous êtes tous en train de faire un pataquès parce que j'utilise certains mots, et toi, tu as le droit de dire que les profs sont des enculés?

4 **aller voir ailleurs** (fam.): es woanders versuchen. • 6 **un/une enculé, e** (vulg.): Arschloch, dumme Sau. • 11 **le pataquès:** Durcheinander, Verwirrung, Chaos.

Évidemment le prof qui dit «pataquès» à ce moment perd définitivement la main. Pendant la prise, le langage utilisé est beaucoup plus terre à terre: «Alors c'est quand même incroyable, parce que moi j'utilise un pauvre petit mot tout le monde s'insurge et toi tu peux dire 'enculé' et moi je dirais rien?» On est dans la cour, on est descendu des étages, on discute «d'homme à homme» avec les élèves. «Pataquès» sonne instituteur. Il impose sa superbe sur la page mais n'a rien à faire dans la cour.

CARL. Les profs qui virent comme ça un élève, ouais, c'est des enculés, ouais!

SANDRA. D'abord, enculé, c'est pas plus grave que pétasse.

FRANÇOIS. Oui mais là, moi, je suis un prof et vous vous êtes des élèves. Et on est pas à égalité là, c'est pas la peine de vous raconter des histoires.

KHOUMBA. Oui mais on a pas le droit à la parole, nous.

FRANÇOIS. Mais vous plaisantez, la parole, vous l'avez tout le temps!

CARL. C'est ça, dès qu'on la prend vous gueulez.

Pour toute réponse, François tente de s'esquiver. Carl prend les autres à partie.

3f. **terre à terre:** alltäglich, direkt. • 6 **s'insurger:** einen Aufstand machen. • 10 **imposer sa superbe:** etwa: großartig aussehen, klingen. • 22 **gueuler** (fam.): schimpfen, schreien. • 23 **s'esquiver:** ausweichen, sich entziehen.

CARL. Vous voyez. Vous dites que vous êtes pour le dialogue, et dès qu'on discute, vous vous barrez, alors …

François hésite un peu avant de répondre.

FRANÇOIS. Là, je n'ai plus cours, alors si ça ne te dérange pas, je rentre chez moi, j'ai le droit non?

Le ton amer de François provoque des commentaires sarcastiques de la part des élèves.

SANDRA. Ben, alors, bonne après-midi, monsieur.

Seule Khoumba semble très inquiète:

KHOUMBA. Mais vous pensez qu'il risque vraiment l'exclusion, alors, Souleymane?

CARL. Mais évidemment qu'ils vont l'exclure, c'est du mytho c'qu'il dit lui.

FRANÇOIS. Écoutez, rien n'est fait, ça suffit maintenant vos prédictions, là. On dirait que vous le souhaitez ce conseil.

Désarmé, François quitte le groupe.

2 **se barrer** (fam.): abhauen, sich verziehen. • 7 **amer, amère:** bitter; verbittert. • 8 **de la part de:** von Seiten. • 16 **la prédiction:** Vorhersage, Prophezeiung.

44. Hall de la cantine. Intérieur jour.

Alors que François entre dans le hall de la cantine, il est rattrapé par Khoumba.

KHOUMBA. Monsieur.

François, surpris par l'émotion dans la voix de Khoumba, se retourne vers elle.

KHOUMBA. Excusez-moi de vous déranger, mais Souleymane, vous savez ce qu'il va faire s'il est exclu?
FRANÇOIS. Ben oui, il va aller dans un autre collège.
KHOUMBA. Non, m'sieur j'vous assure il ira pas dans un autre collège.
FRANÇOIS. Mais bien sûr que si, c'est automatique, tu le sais bien.
KHOUMBA. Vous connaissez son père à Souleymane?
FRANÇOIS. Ben je l'ai déjà rencontré, oui.
KHOUMBA. Ouais, mais vous le connaissez pas. Si il est exclu, Souleymane, c'est le bled direct.
FRANÇOIS. Arrête de te raconter des histoires un peu.
KHOUMBA. Sur ma vie, c'est pas des histoires, m'sieur.

François répond sans conviction:

FRANÇOIS. Allez, t'inquiète pas.

Il s'éloigne.

17 **Souleymane, c'est le bled direct** (fam.): etwa: S. wird sofort in sein Heimatland zurückgeschickt (*le bled*, arab.: unbewohntes karges Gebiet; fam.: Dorf, Kaff).

45. Cantine. Intérieur jour.

François entre dans le réfectoire désert. Il y a encore des plateaux sur les tables, reliefs du repas de midi. Il s'installe dans un coin. Il semble un peu perdu.

On le retrouve un peu plus tard en train de fumer une cigarette, alors qu'à l'autre bout de la pièce deux femmes sont en train de débarrasser les plateaux qu'elles déposent sur un chariot. Arrivées à sa hauteur, l'une d'elle désigne la cigarette de François:

LA CANTINIÈRE. On n'a pas le droit de fumer ici.
FRANÇOIS. Oui excusez-moi. Comme j'étais seul …
LA CANTINIÈRE. C'est les mêmes règles pour tout le monde.

Toujours cette peur, quand on écrit, de ne pas être compris, d'être trop allusif. D'où l'existence de ces répliques extrêmement appuyées.

Vient le tournage, et on se rend compte qu'on n'a pas besoin de ça. Le ton très autoritaire de la première réplique et la sévérité du regard suffisent. Pourtant, l'observateur attentif pourra lire cette réplique sur les lèvres de la cantinière, puisque nous nous sommes contentés d'en couper le son au mixage.

2 **le réfectoire:** Speisesaal, Kantine. • 3 **le plateau:** Tablett. • **les reliefs** m. (litt.): Reste, Überbleibsel. • 8 **le chariot:** Gepäck-, Einkaufswagen; hier: Servierwagen.

François éteint sa cigarette dans une assiette sale. La femme lui retire le plateau en le fusillant du regard.

46. Cour. Extérieur jour.

Le lendemain, depuis la salle des profs, on peut voir François traverser en hâte la cour de récréation. Il est intercepté par le principal qui, tout en l'accompagnant, engage une discussion avec lui.

47. Salle des profs. Intérieur jour.

Les autres enseignants sont là, silencieux. Ils semblent attendre François. Ce dernier entre dans la pièce, salue à peine les autres et va directement fouiller son casier, histoire de se trouver une contenance. Malheureusement pour lui, la mandarine moisie s'écrase sur le sol. Il la ramasse le plus discrètement possible.

Fred jette un coup d'œil à Rachel, comme pour lui demander d'intervenir. Rachel n'ose pas parler. En se retournant, François croise son regard un peu misérable.

2 **fusiller qn du regard:** etwa: jdn. bitterböse ansehen, jdm. vernichtende Blicke zuwerfen (*fusiller qn:* jdn. erschießen). • 5 **la hâte:** Eile. • 6 **intercepter qn:** jdn. abfangen, aufhalten. • 12 **la contenance:** Haltung. • 13 **moisi, e:** verschimmelt, vergammelt (*la moisissure:* Schimmel). • **s'écraser:** zerplatzen, zerschellen. • 17 f. **misérable:** elend, Mitleid erregend, armselig.

FRANÇOIS. Quoi?

RACHEL. Bon, allez c'est bon, tu sais bien …

François, pour toute réponse, va s'asseoir avec un soupir, se préparant sans doute à une longue conversation.

RACHEL. Alors, vous avez décidé quoi?

FRANÇOIS. Ben rien … Pour le moment il est exclu pendant une semaine …

RACHEL. Je sais bien que ça t'emmerde, mais là … Le conseil de discipline, ça s'impose.

FRANÇOIS. Mais justement, c'est pas si clair que ça … J'ai déconné un peu aussi.

Fred intervient:

FRED. Non, mais François, tout le monde sait que tu as un peu traité les gamines. OK, c'est une connerie, mais on en fait tous. Ça n'excuse pas l'attitude de Souleymane.

FRANÇOIS (*plus agressif*) OK Fred, tu m'avais prévenu, je sais.

FRED. Écoute, c'est plus le problème.

FRANÇOIS. Non, mais je sens que tu es fier d'avoir eu le tiercé dans l'ordre …

FRED. Ça va, c'est pas le problème, j'vais pas le dire vingt fois.

RACHEL. C'est vrai écoute, ce qu'a fait Souleymane,

12 **déconner** (fam.): verrücktspielen, durchdrehen. • 21 f. **avoir le tiercé dans l'ordre:** etwa: einen Sechser im Lotto, das große Los gezogen haben (*le tiercé:* Pferdewette, Pferdetoto).

c'est pas possible. J'ai croisé Khoumba juste après. Elle avait le visage en sang.

FRANÇOIS. Oui je sais, mais bon l'arcade sourcilière, ça pisse le sang, tu sais ça, non?

Il y a un moment de silence. Chacun réfléchit dans son coin.

HERVÉ. Franchement, ne te prends pas la tête, non plus. Tu as vu comment ils nous parlent, eux.

FRANÇOIS. Je sais, mais c'est pas une raison. En plus, vous savez très bien que si on fait ce conseil de discipline, on va l'exclure.

RACHEL. Non mais, c'est pas automatique, on va en parler.

FRANÇOIS. Eh bien, parlons-en.

Lors de cette discussion improvisée, François réutilise les arguments de Khoumba sur les conséquences de l'exclusion.

FRANÇOIS. Y'a eu combien de conseils de discipline l'an dernier dans cet établissement? Douze.

RACHEL. Non! Pas tant que ça …

SOPHIE. Ben si, c'est possible.

FRANÇOIS. C'est même sûr. Je sais, j'y suis. Et j'en ai au moins deux par mois … Eh ben sur ces douze, ben y'a eu douze exclusions. L'exclusion, c'est presque automatique.

HERVÉ. Mais François, c'est une décision qui se prend après débat. Il se trouve que là, dans ces douze cas, ça a mené à l'exclusion. Visiblement, il n'y a pas eu d'autres solutions.

RACHEL. Oui, enfin, Hervé, douze sur douze, on peut penser que la discussion n'a pas beaucoup pesé sur la décision finale.

François approuve d'un geste de la tête.
Fred hésite à reprendre la parole.

FRED. Non, mais … Non, rien …
FRANÇOIS. Ben vas-y, je vais pas te bouffer.
FRED. Non mais douze sur douze, ça veut aussi dire une chose: ça veut dire qu'on envoie les élèves en conseil de discipline lorsqu'il est déjà trop tard.
FRANÇOIS. C'est simplement que les conseils de discipline on n'a jamais su quoi en faire. Dans le cas de Souleymane, à quoi va servir ce conseil de discipline, précisément? Qu'est-ce qu'on en attend vraiment?

Silence.

FRED. Déjà, ça va lui laisser une chance de s'expliquer.
RACHEL. Je vois mal, vu la situation, comment il va pouvoir s'expliquer sur quoi que ce soit.

Fred semble lui-même dubitatif.

FRED. C'est vrai. En plus c'est pas ses parents qui vont beaucoup l'aider.

Nouveau silence.

2 **peser sur qc:** auf etwas Einfluss haben, bei einer Sache ins Gewicht fallen. • 7 **bouffer** (fam.): (auf)fressen.

FRANÇOIS. Bon, disons pour résumer que Souleymane a toutes les chances d'être exclu de ce collège. Et s'il est exclu, il y a toutes les chances pour que son père le renvoie au Mali.

ANNE. Non mais là tu fantasmes ou quoi?

FRANÇOIS. Pourquoi je fantasmerais? Tu les connais, toi, ses parents? Il y a d'autres élèves dans la classe qui les connaissent bien et qui savent comment ils vont réagir.

FRED. Écoute, le retour au bled, moi j'y crois pas une seconde. Le bled ils y sont jamais allés et ils y foutront sans doute jamais les pieds. En tout cas, je ne pense pas que ça doive entrer en ligne de compte.

FRANÇOIS. Moi, je trouve ça étrange, on fait des banderoles contre les expulsions d'élèves, on manifeste, et après on en vire? Je vois pas trop la logique.

FRED. Non mais là, c'est malhonnête François. C'est pas la préfecture qui va prendre la décision, c'est ses parents.

RACHEL. Oui, enfin, tu avoueras qu'on les aura tout de même aidés à la prendre, non?

FRED. Excuse-moi, mais c'est aussi une question de principe. Les profs ne peuvent pas, et ne doivent pas se substituer aux parents.

FRANÇOIS. Quand je pense à cet adolescent qui va se retrouver déboussolé au Mali, et que je me repasse le film à l'envers et que je me dis que tout ça a commen-

5 **fantasmer:** fantasieren. • 11f. **y foutre les pieds** (fam.): einen Fuß dorthin setzen. • 13 **entrer en ligne de compte:** in Betracht kommen, berücksichtigt werden. • 14f. **la banderole:** Transparent, Spruchband. • 26 **déboussolé, e:** völlig verloren, ohne Bezugspunkt (*la boussole:* Kompass). • 26f. **repasser le film à l'envers:** den Film rückwärts laufen lassen.

cé par des mauvaises notes, un manque d'attention et un geste malheureux, je me dis que c'est démesuré.

FRED. Présenté comme ça, évidemment, on ne peut être qu'indigné. Sauf que tu oublies une chose, c'est pas le collège qui va l'exclure. Souleymane, ça fait longtemps qu'il n'est plus avec nous.

François fait la moue. Après un long silence, il reprend, dépité.

FRANÇOIS. Bon, en tout cas, j'ai ma réponse. Si on l'envoie en conseil de discipline, c'est pour l'exclure.

Fred s'apprête à protester puis se ravise, comprenant qu'il n'y avait pas d'animosité dans le ton de François.

48. Couloir. Intérieur jour.

François quitte la salle des profs. Il avance dans le couloir tout en réfléchissant.

49. Cour. Extérieur jour.

Les élèves commencent à se regrouper par classes dans la cour tout en continuant de chahuter.

2 **démesuré, e:** unverhältnismäßig, maßlos. • 8 **dépité, e:** bitter enttäuscht, gekränkt. • 11 **se raviser:** es sich anders überlegen. • 12 **une animosité:** Feindseligkeit.

50. Bureau du principal. Intérieur jour.

François frappe à la porte et entre. Le principal ne semble pas très surpris de le voir.

LE PRINCIPAL. Ah, je ne m'attendais pas à vous voir si tôt. Vous avez pris une décision?

FRANÇOIS (*un peu tête de mule*). Non … Enfin, j'ai l'impression que j'ai pas tellement le choix.

Il s'assied un peu lourdement sur la chaise face au principal. Mutique. Le principal reprend, d'une voix bienveillante:

LE PRINCIPAL. Pour tout vous dire, la CPE m'a raconté cette histoire de «pétasses» …

La remarque arrache un petit rire nerveux à François.

À l'écran, François répond: «On a qu'à dire ça oui.» C'est un ajustement qui porte peut-être un surcroît d'ironie, ou alors un surcroît de lassitude par rapport à tout ça. À ce moment, François a abandonné. Il lui reste pourtant beaucoup d'arguments pour sa défense, mais, à l'inverse du lutteur qu'il est en classe, il semble vidé. Plus d'énergie

6 **la tête de mule:** verstockter, sturer Mensch (*la mule:* Mauleselin). • 9 **mutique:** stumm, ohne ein Wort zu sagen. • 10 **bienveillant, e:** wohlwollend, entgegenkommend. • 17 **le surcroît de:** ein zusätzliches Maß an. • **la lassitude:** Müdigkeit; hier: Überdruss.

pour se battre. Ce qui entraîne d'ailleurs une autre forme de jeu d'acteur, en silences, soupirs, murmures (voir note suivante).

LE PRINCIPAL. C'est vrai que ça complique un peu les choses mais ça ne change pas le fond du problème.

FRANÇOIS. Oui … j'sais pas.

LE PRINCIPAL. Nous ne pouvons pas venir en arrière de toute façon, François. Simplement, pour plus de clarté, parce qu'on risque d'avoir des remarques de la part des parents d'élèves, je préférerais que vous fassiez mention des mots un peu durs que vous avez eus avant l'incident dans votre fiche incident. Pas la peine d'entrer dans les détails, mais que ça y soit. Qu'ils ne puissent pas dire qu'on l'a caché.

FRANÇOIS. Vous avez raison.

À l'écran, cette réplique se transforme en un «hum …» qui vaut sans doute accord, mais de façon moins nette. Une équivoque est maintenue. Surtout, le «hum …» est quelque chose de très pratique pour un acteur. Il est le minimum syndical du jeu, évite le surrégime, permet d'occuper l'espace à peu de frais.

16f. **cette replique … vaut … accord** (m.): diese Antwort drückt Einverständnis aus. • 18 **une équivoque:** Mehrdeutigkeit. • 20f. **le minimum syndical:** Mindestlohn; hier: das absolute Minimum. • 22 **les frais** m., pl. [!]: Unkosten, Aufwand.

François n'a pas de réaction.

LE PRINCIPAL. Donc, vous revoyez votre copie, et on lance la procédure?
FRANÇOIS. OK.

La cloche sonne.

51. Cour. Extérieur jour.

Dehors, la clameur s'est un peu calmée. Classe par classe, les élèves quittent la cour, escortés par leurs professeurs respectifs.

52. Salle des profs. Intérieur jour.

François, à nouveau seul dans la salle des profs, réécrit la fiche incident.

Lieu de l'incident: salle 312
Date et heure: mardi 11 avril, aux alentours de 15 h 30
Classe concernée: quatrième 3
Élève concerné: Souleymane Doucouré

2 **revoir sa copie:** seinen Text überarbeiten. • 7 **la clameur:** Geschrei. • 8 **escorter:** eskortieren, begleiten, geleiten. • 9 **respectif, -ive:** jeweilig. • 14 **aux alentours de:** ungefähr, etwa um (*les alentours*, m. pl. [!]: Umgebung).

Alors que nous étions en train d'étudier un poème, Souleymane Doucouré a fait une intervention sans rapport avec le cours. Il s'est plaint de ce qu'il a été question de lui en des termes négatifs lors du conseil de classe de la veille. J'ai essayé de lui faire comprendre qu'il ne s'agissait pas d'un règlement de comptes, mais d'une mise en garde par rapport à son comportement. Il n'a rien voulu entendre, surtout que les déléguées Julie Fortin et Sandra Ladjaoui sont intervenues vivement pour le soutenir, et confirmer, avec une certaine mauvaise foi, qu'il avait été mis en cause au conseil de classe. J'ai alors haussé le ton pour leur demander d'être un peu plus honnêtes. Comme j'utilisais des mots un peu durs, Souleymane a commencé à dire qu'on ne pouvait pas parler aux élèves de cette façon. Je lui ai demandé de se taire, en vain car il s'est levé brutalement, renversant sa chaise et se dirigeant vers la porte. Je l'ai rappelé à l'ordre, mais au lieu d'obtempérer, il s'est mis à me tutoyer. J'ai alors préféré ne pas insister, bien qu'il continuait à m'adresser la parole en des termes inacceptables. Carl Madjer a alors essayé de le raisonner et de le retenir, mais Souleymane s'est dégagé brusquement, faisant voler son sac qui a heurté le visage de Khoumba Kanoute. Puis il est sorti en insultant tout le monde et en claquant la porte. J'ai renoncé à le rattraper, car il fallait s'occuper de Khoumba, dont l'arcade sourcilière saignait abondamment.

2 **faire une intervention:** hier etwa: dazwischenreden, sich zu Wort melden. • 6 **le règlement de comptes** (m.): Abrechnung; Vergeltungsakt, Racheakt. • 7 **la mise en garde:** Verwarnung. • 17 **renverser:** umstoßen, umwerfen. • 18 **obtempérer:** gehorchen. • 22f. **brusquement:** etwa: mit einem Ruck. • 23 **heurter:** stoßen; hier: treffen. • 25 **claquer la porte:** die Tür zuschlagen. • 27 **abondamment:** stark, reichlich.

53. Cour. Extérieur jour.

Souleymane et sa mère traversent la cour de l'école déserte, sans échanger un mot.

54. Salle de réunion. Intérieur jour.

La séquence débute par un long plan fixe sur la pièce et sur l'installation des différents protagonistes. La salle apparaît comme une scène de théâtre vide, sur laquelle les acteurs vont entrer un par un. Pas de hors champ sonore, les protagonistes semblent sortir des coulisses. Un moment de mise en scène qui contraste fortement avec le reste du film et souligne la théâtralité très solennelle d'un conseil de discipline. Ce plan n'était pas prémédité, mais il s'est imposé dès que nous avons installé le décor. La disposition en U renvoie à une salle de cour d'assises et ce plan large et vide en dévoile tout le tragique. De plus, il nous a semblé évident que ce temps d'installation, ce temps mort qu'il faut combler disait tout l'embarras des

9 **le hors champ sonore:** aus dem Off hörbare Geräusche. • 12f. **solennel, le:** feierlich, förmlich. • 14 **prémédité, e:** hier: im Voraus geplant. • 15 **la disposition en U:** Aufstellung in U-Form. • **renvoyer à qc:** verweisen auf, Bezug nehmen auf; hier: erinnern an. • 16 **la cour d'assises:** Schwurgerichtshof (*les assises*, f., pl. [!]: Schwurgericht). • 17 **dévoiler qc:** etwas enthüllen, sichtbar machen. • 18f. **le temps mort:** Leerlauf, verlorene Zeit. • 19 **combler qc:** etwas ausfüllen.

participants à un conseil de discipline. On n'est jamais très fier d'en faire partie, et il faut pourtant aller serrer les mains des uns et des autres, s'associer à eux, se reconnaître dans ce groupe.

Dans la salle de réunion, les tables ont été disposées en U. Souleymane et sa mère occupent un côté, avec les deux délégués d'élèves. L'équipe pédagogique occupe un autre côté, les parents, un troisième. La mère fait dire à Souleymane que son mari, qui travaille, ne peut pas être présent. François reste silencieux et tente en vain d'accrocher le regard de Souleymane. Celui-ci, buté, fixe le principal qui dirige le débat, flanqué de la CPE, Julie, et de l'intendant, M. Pierre.

LE PRINCIPAL. Souleymane n'est pas un élève qui pose de gros problèmes, ce n'est pas un méchant garçon, c'est pas ce qu'on cherche à dire ici, mais il arrive comme ça que dans une classe, un élève, par un comportement volontaire ou involontaire, crée une ambiance qui n'est pas propice au travail et à la réflexion.

FRED. Notre grand tort, c'est sans doute … On a eu des signaux d'alarme depuis plusieurs mois et on n'y a peut-être pas accordé assez d'attention. Il se trouve que là, il y a eu, on va dire cet épisode de

3 f. **s'associer à qn:** sich zu jdm. gesellen. • 11 **accrocher le regard:** den Blick auf sich ziehen. • 20 **propice à:** günstig, gut geeignet für.

violence, et que simplement c'est inadmissible. Tu en es conscient Souleymane?

Souleymane ne dit rien.

LE PRINCIPAL. Souleymane, tu as tout à fait le droit de t'exprimer pour faire valoir ton point de vue.

Suit un autre silence, une autre relance du principal.

SOULEYMANE. C'est bon, faites ce que vous voulez d'moi.

Sa mère l'interrompt de façon très autoritaire, comme si elle craignait qu'il ne fasse trop de vagues. L'adolescent, montrant Fred, explique à sa mère qu'on lui a demandé de s'expliquer. Sa mère lui dit de se taire et prend sa défense à sa place. L'adolescent est obligé de traduire les quelques arguments de sa mère: «Il aime beaucoup l'école, souvent il fait ses devoirs seul dans sa chambre. Il est très gentil avec tout le monde, les voisins, ses sœurs ...» Souleymane est visiblement embarrassé de traduire les propos de sa mère. Il bafouille, se tortille sur sa chaise, provoquant un malaise général. Particulièrement gêné, François baisse les yeux.

1 **inadmissible:** unzulässig, nicht tolerierbar, nicht hinnehmbar. • 5 **faire valoir qc:** etwas zur Geltung bringen; hier: etwas zu Gehör bringen, vorbringen. • 6 **la relance:** Aufschwung; Wiederbelebung; hier: erneute Aufforderung. • 10 **faire des vagues** (f.): Wellen schlagen; hier: Aufsehen erregen, Unruhe verursachen. • 19 **se tortiller:** sich winden. • **provoquer qc:** etwas verursachen. • **le malaise:** Unbehagen; Unwohlsein, Unpässlichkeit. • 20 **baisser les yeux** (m.): die Augen niederschlagen, auf den Boden schauen.

ÉLISE. Nous savons tous que c'est un garçon plein de qualités, mais le fait qu'il ait à plusieurs reprises quitté la salle de classe sans que le professeur l'y invite, ça n'est pas anodin.

LA REPRÉSENTANTE DES PARENTS D'ÉLÈVES. Puisque le débat se recentre sur ces faits, je dois dire que nous sommes très étonnés de voir que le professeur concerné par ces incidents soit amené à délibérer ce soir.
Je ne crois pas que ce soit donner un très bon exemple que de montrer qu'on peut être juge et partie.

LE PRINCIPAL. Tout d'abord, je rappelle que M. Marin est membre du conseil d'administration et représentant des enseignants au conseil de discipline, et qu'à ce titre, il est tout à fait fondé à se trouver ici. C'est même son devoir. Par ailleurs, je crois que si l'incident qui a déclenché ce conseil de discipline a eu lieu pendant le cours de M. Marin, c'est une donnée secondaire.

LA REPRÉSENTANTE DES PARENTS D'ÉLÈVES. Excusez-moi, mais en lisant la fiche incident, on voit qu'il est fait allusion à «des mots un peu durs» prononcés par le professeur qui auraient été mal interprétés. (*Se tournant vers François pour la première fois.*) En fait, en discutant avec des élèves, il ressort que vous avez effectivement traité les déléguées de pétasses. On se vexerait à moins, j'espère que vous en conviendrez.

6 **se recentrer sur qc:** sich wieder auf etwas konzentrieren, auf etwas zurückkommen. • 8 **délibérer:** beraten; entscheiden, einen Entschluss fassen. • 12 **la partie:** hier: Betroffener. • 16 **fondé, e:** begründet, berechtigt. • 19f. **la donnée:** Gegebenheit. • 28 **à moins:** hier: aus geringerer Ursache.

FRANÇOIS. J'ai effectivement utilisé ce mot, mais cela ne concernait pas du tout Souleymane. Je ne comprends pas pourquoi il s'est mêlé de cette affaire.

LA REPRÉSENTANTE DES PARENTS D'ÉLÈVES. Il est possible qu'il ait voulu défendre les élèves à qui vous vous adressiez, ce qui je crois nous invite à regarder Souleymane autrement.

François, embarrassé, préfère ne pas répondre alors que Fred, agacé, reprend la parole:

FRED. Qu'au départ il ait voulu intervenir pour réagir à certains mots, d'accord, mais ça n'excuse en rien son comportement par la suite. Rien n'autorise à tutoyer un prof, à insulter tout le monde et à quitter le cours sans y avoir été autorisé.

Victor, le représentant des élèves, prend la parole sans y avoir été invité:

VICTOR. Mais Souleymane, il n'a jamais eu d'avertissement.

FRANÇOIS. Non, il faut reconnaître qu'en ce qui me concerne, je n'ai jamais eu beaucoup à me plaindre de Souleymane, et que je peux même te dire que je trouve que c'est un élève intéressant.

VICTOR. Alors, il fallait lui donner un avertissement plutôt que le faire passer tout de suite en conseil de discipline.

3 **se mêler de qc:** sich in etwas einmischen. • 7 **inviter qn:** hier: jdn. zu etwas bringen, veranlassen.

FRED. Victor, je crois que tu as mal préparé ton dossier. On peut te ressortir toutes ses fiches incident et tous ses avertissements depuis la sixième, si tu veux.

VICTOR (*un peu arrogant*). Normalement, on devrait pas parler de ce qui s'est passé avant.

LE PRINCIPAL. C'est vrai que nous sommes tenus de ne juger ce soir que l'attitude de Souleymane pendant l'année, mais ce peut être intéressant de revenir sur son vécu au collège depuis trois ans. C'est pour ça que j'ai demandé à M. Ferraux de nous faire en début de conseil un petit résumé de ce qu'a été la vie de Souleymane ici.

Victor ne cherche pas à prolonger l'échange. Il a fait ce qu'il avait à faire.

À l'origine, il y avait l'envie de décrire précisément les rouages d'un conseil de discipline, présenté comme l'expression ultime de l'autorité et de retrouver l'intensité dramatique des «films de procès». L'idéal aurait certainement été de jouer la captation, et le temps réel. Au montage, il nous a semblé qu'il était pourtant plus important de focaliser sur Franck-Souleymane et sa détresse face à ses juges, sur le malaise de François, sur l'em-

10 **le vécu:** hier: die Vorgeschichte. • 17 **le rouage:** Maschinerie, Räderwerk. • 21 **la captation:** Erschleichung; hier etwa: authentisches Abfilmen. • **le temps réel:** tatsächlicher Zeitablauf; hier (tech.): Filmsequenz ohne Schnitt oder Raffung. • 22 f. **focaliser sur qn:** sich auf jdn. konzentrieren. • 23 **la détresse:** Not, Elend, Verlorenheit.

barras des participants. Toutes les interventions plus documentaires – cette prise de parole du délégué des élèves, par exemple – nous éloignaient trop de l'émotion et ont disparu au montage.

La mère ne comprend rien à la discussion en cours. Elle suit vaguement des yeux les différents intervenants, mais semble ailleurs. Souleymane, toujours aussi buté, fixe le mur en face de lui, sans afficher le moindre signe d'intérêt pour ce qui se dit.

LE PRINCIPAL. J'insiste bien sur le fait que, sans vouloir anticiper sur la décision qui sera prise, toute sanction a une valeur éducative. Si le conseil de discipline demande aujourd'hui l'exclusion définitive, c'est pour donner à Souleymane la possibilité de se reconstruire ailleurs.

Il attend que Souleymane traduise à sa mère, ce qu'il fait de façon très approximative, si l'on en croit la brièveté de son explication.

LE PRINCIPAL. C'est lui rendre un service que de lui rappeler la règle.

6f. **un intervenant / une intervenante:** Gesprächsteilnehmer(in). • 11 **anticiper sur qc:** einer Sache vorgreifen, etwas vorwegnehmen. • 14f. **se reconstruire:** hier: einen Neuanfang machen. • 17 **approximatif, -ive:** vage, ungenau, ungefähr. • **en croire qc:** nach etwas urteilen, auf etwas vertrauen. • 18 **la brièveté:** Knappheit, Kürze (*bref, brève:* kurz, knapp).

Autre traduction laconique.

LE PRINCIPAL. Bien, est-ce que quelqu'un souhaite ajouter quelque chose?

Silence.

LE PRINCIPAL. Souleymane, le dernier mot te revient, comme la procédure le veut.

Silence.

LE PRINCIPAL. Tu ne veux pas t'exprimer?

La mère dit quelque chose à Souleymane.

SOULEYMANE. C'est bon j'ai rien à dire.

1 **laconique:** lakonisch, kurz und bündig.

La maman de Franck-Souleymane parlait effectivement peu le français. Croyant que nous faisions une nouvelle prise de la scène précédente, elle a recommencé son plaidoyer. Réellement émue par la journée que nous venions de vivre, elle a été plus implorante encore. Nous avons eu envie de lui donner le dernier mot. Lors de la première prise, ayant cru comprendre le mot «pardon» dans sa réplique en bambara, nous lui avons suggéré qu'elle demande pardon, ce qu'elle a intégré dès la prise suivante. Ce qui nous intéressait le plus était d'entendre la traduction par Souleymane: «Elle vous demande pardon de ma part.» Une phrase qu'il ne pouvait pas énoncer lui-même mais qu'il était du coup obligé de dire malgré toute sa fierté.

LE PRINCIPAL. Bien, dans ce cas, nous allons procéder au vote et à la délibération. Je vais donc demander à tous les non-membres du conseil de discipline de nous quitter. Souleymane, on va te demander de sortir avec ta maman, pendant que nous délibérons. Ensuite, vous pouvez revenir pour entendre la décision, ou ne pas nous attendre, et nous vous informerons par téléphone. C'est comme vous voulez.

4 **le plaidoyer:** Plädoyer, Verteidigungsrede. • **ému, e:** hier: erregt, aufgewühlt. • 5f. **être implorant, e:** in flehentlichem Ton sprechen (*implorer:* anflehen). • 9 **le bambara:** westafrikanische Sprache, die u. a. in Mali gesprochen wird. • 17f. **procéder à qc:** zu etwas schreiten, mit etwas beginnen. • 18 **la délibération:** Beratung; Entscheidung, Beschluss.

Souleymane ne répond pas, ne traduit pas. Lui et sa mère sortent de la pièce en même temps que cinq ou six des personnes présentes.

55. Couloir. Intérieur jour.

Ils vont s'installer sur un banc dans le couloir. Ils ne se parlent pas, ne se regardent même pas.

56. Salle de réunion. Intérieur jour.

À l'intérieur, c'est le moment du vote. Les différents participants déposent l'un après l'autre un petit bout de papier dans une urne qui circule autour de la table. Tout le monde est silencieux.

57. Couloir, salle de réunion. Intérieur jour.

La CPE vient rechercher Souleymane et sa mère qui n'ont pas changé de position. Ils se lèvent et la suivent à l'intérieur de la pièce. À peine ont-ils le temps de s'asseoir que le principal annonce l'exclusion définitive de Souleymane. Ce dernier traduit à sa mère qui se lève et reprend son sac sans un mot, alors que le principal rappelle qu'il va tout faire pour trouver un nouveau collège où Souleymane pourra finir son année scolaire. Souleymane ne se retourne même pas vers lui quand il lui fixe rendez-vous pour le début de la semaine prochaine.

58. Cour. Extérieur jour.

Souleymane et sa mère traversent la cour vers la sortie. Par la fenêtre, François les regarde s'éloigner.

Nous n'avons pas tourné ce plan de François les regardant s'éloigner. Au grand soulagement du premier intéressé. Pourquoi ce renoncement? Parce qu'il était inutile d'incarner le désarroi de François, dans la mesure où on l'a vu très effacé pendant le conseil de discipline, et que de toute façon on s'imagine bien qu'il accuse le coup. Et surtout parce que ce plan est dès lors offert à tous. Chacun le regarde, il regarde tout le monde. Il est en quelque sorte sous la responsabilité de la communauté des spectateurs, qui est aussi une communauté citoyenne.

8 **le premier intéressé:** Hauptperson (*un intéressé:* Betroffener). • 9 **incarner qc:** etwas verkörpern, spielen; hier: etwas darstellen, deutlich machen. • **le désarroi:** Bedrängnis, Betroffenheit. • 10 **dans la mesure où** (+ ind.): im Maße, so wie, sofern, insoweit als. • 12 **accuser le coup:** Wirkung zeigen, sich etwas anmerken lassen.

59. Classe. Intérieur jour.

La classe est réunie une dernière fois dans la salle de cours; l'ambiance est détendue. On sent que les tensions de l'année sont retombées.

Les élèves ressemblent à des acteurs après la représentation. François distribue, comme cadeau de fin d'année, le livre d'autoportraits qu'il a fait relier. Les élèves sont fous de joie et cherchent tous leur propre texte. Grand moment de fierté.

Khoumba feuillette en silence les pages de photos de Souleymane. Puis François invite les élèves à tirer eux-mêmes le bilan de l'année écoulée: ce qu'ils ont retenu, ce qu'ils ont particulièrement aimé …

FRANÇOIS. Mais attendez, je ne veux pas que vous me parliez que du français. Alors, n'hésitez pas à parler d'autre chose, d'histoire, de mathématiques …

Suit un kaléidoscope d'impressions plus ou moins bien formulées, mais peu à peu, monte une espèce de jubilation à réaliser les bribes de savoir acquis pendant l'année. Parfois, quand l'élève a du mal à s'exprimer, François, hors champ le relance. Morceaux choisis:

LOUISE. J'ai appris le théorème de Pythagore. Dans le triangle ABC rectangle en B, on a: $CA^2 = AB^2 + CB^2$.

7 **faire relier qc:** etwas binden lassen (*la reliure:* Binden; Einband). • 10 **feuilleter qc:** etwas durchblättern. • 19 **réaliser qc:** sich einer Sache klar werden; etwas verwirklichen; hier: etwas wiedergeben. • **les bribes** f.: Fragmente, Fetzen. • 21 **relancer qn:** jdn. bedrängen; hier: jdm. weiterhelfen. • 22 **le théorème de Pythagore:** Satz des Pythagoras.

NASSIM. J'ai appris le règne absolutiste, le règne de Louis XIV, le marché triangulaire …

FRANÇOIS (*off*). Ah! Et c'est quoi le marché triangulaire?

NASSIM (*récitant sa leçon*). Le marché triangulaire, c'est le commerce établi entre les marchands européens, quand les esclaves noirs sont échangés contre les produits rares en Europe.

FRANÇOIS. C'était quand, ça?

NASSIM. Je sais pas … Au XIXe siècle.

KHOUMBA. Au XVIIIe. C'était avant la Révolution.

NASSIM. Pas que! C'était même Napoléon.

JULIETTE. En français j'ai appris la voix passive et la voix active, par exemple: «Le chien a mordu la petite fille, la petite fille a été mordue par le chien.» Et puis, j'ai appris comment on dit «il y a» en anglais: *ago*.

BOUBACAR. En chimie, l'oxygène, c'est O, azote = N, fer = Fe. J'ai appris du vocabulaire en espagnol, par exemple «collège» c'est *colegio*; «il y a», *hay*; «vivre», *vivir*; «cachette», *escondite*, et aussi la conjugaison en espagnol, par exemple les terminaisons du présent: *e-as-a-amos-ais-an*.

SANDRA. Ah oui aussi! J'ai appris qu'est-ce que c'est l'art cubiste: les dessins où on a plusieurs points de vue. (*Elle fait un geste improbable de la main, censé illustrer la définition.*)

BURAK. Les verbes irréguliers: *sing-sang-sung* = chanter; *drive-drove-driven* = conduire; *meet-met-met* =

2 **le marché triangulaire:** Dreieckshandel (*le triangle:* Dreieck). • 18 **l'azote** m.: Stickstoff. • 26 **improbable:** unwahrscheinlich; unglaubwürdig; hier: unverständlich.

rencontrer; *be-was-been* = être; *do-did-done* = faire. Aussi le *present perfect* en anglais, exemple: *She has just drunk the water* = Elle vient juste de boire de l'eau.

Pour cette scène, nous comptions bien évidemment nous en remettre aux improvisations des élèves, qui après tout venaient de terminer une réelle classe de quatrième. Pour le scénario, nous avons reporté les réponses fournies par les élèves du livre, avec l'idée que ceux du film ne seraient pas en reste. Ainsi, Burak nous parle en fait de la tectonique des plaques, Boubacar s'est en réalité fait un plaisir de réciter le théorème de Pythagore, et c'est Angelica qui, spontanément et sans connaître le scénario, a expliqué le commerce triangulaire avec une maestria toute professorale, etc.

HENRIETTE (*après une longue hésitation*). Heu je sais pas … Comme Louise, le théorème de Pythagore …
FRANÇOIS (*off*). C'est tout?
HENRIETTE (*gênée de focaliser l'attention*). Non, il y a d'autres choses mais je sais pas là …
DAMIEN. Ah moi, m'sieur! J'ai appris un truc en physique: il faut toujours placer un voltmètre en dérivation.

5 **compter faire qc:** beabsichtigen etwas zu tun. • 6 **s'en remettre à qn/qc:** sich auf jdn./etwas verlassen, auf jdn./etwas vertrauen. • 9 **fournir:** liefern. • 12 **la tectonique des plaques** (f., géol.): Plattentektonik. • 16 **la maestria** (it.): Bravour. • 23f. **placer qc en dérivation** (tech.): hier: etwas parallel anschließen.

WEI. Quatrième c'est une plus importante année dans les collèges, donc on doit travailler plus dur et j'ai appris pleine de choses en quatrième.

FRANÇOIS (*off*). Et qu'est-ce qui t'a posé le plus de problèmes?

WEI. Le français c'est la plus difficile matière pour moi, mais j'ai travaillé durement donc j'ai appris des choses en français.

Je suis capable de comprendre des petits livres, j'ai appris des vocabulaires que je ne savais pas avant. À cause de français je crois j'ai augmenté mon capabilité sur les rédactions.

FRANÇOIS (*off*). Et quoi d'autre?

WEI. Le histoire c'est une difficile matière pour moi aussi, mais j'ai appris des choses …

FRANÇOIS (*off*). Comme quoi?

WEI. Heu, les appareils de communication en XIXe siècle, c'est le télégraphe électrique et câbles sous-marins.

KHOUMBA. J'ai bien aimé le livre que vous nous avez donné à lire là …

FRANÇOIS (*off*). Lequel?

KHOUMBA. *L'Écume des jours*.

SANDRA (*l'interrompant*). Ah moi, j'en ai commencé un trop bien: *La République*.

KHOUMBA. Oh! là, là! Comme elle se la pète, celle-là.

FRANÇOIS (*off*). Sandra, tu parles de *La République* de Platon.

23 **»L'Écume** (f.) **des jours«:** berühmtes Buch von Boris Vian (1920–59), welches er unter dem Pseudonym Vernon Sullivan verfasste (dt.: *Der Schaum der Tage*). • 25 **La République:** griech. *Politeia*, Platons Theorie des idealen Staates. • 28 **Platon:** Platon (ca. 428–348 v. Chr.): griechischer Philosoph, Schüler des Sokrates (s. o.).

SANDRA. Voilà.

FRANÇOIS (*cette fois-ci, il semble épaté*). Qui c'est qui t'a conseillé ça?

SANDRA. C'est ma grande sœur.

FRANÇOIS. Elle fait de la philo, ta grande sœur?

SANDRA. Elle est biologiste.

FRANÇOIS. C'est bien, ça.

SANDRA. Monsieur, il a existé, je sais plus comment il s'appelle …

FRANÇOIS. Socrate?

SANDRA. Oui, c'est ça. Je l'aime bien, lui, il parle tout le temps, c'est trop marrant … Il a existé?

FRANÇOIS. Bon, en fait, lui c'est un personnage inventé, enfin on sait pas trop, donc là-dessus on peut dire que c'est comme un personnage. Enfin c'est pas le plus important. (*Il s'adresse à toute la classe.*) Socrate, son but c'est surtout de parler de plein de choses avec tous les gens qu'il rencontre.

SANDRA. Oui oui, il arrête pas, c'est trop bien.

FRANÇOIS. En fait c'est un type il arrive sur l'agora, l'agora c'est une sorte de place où ils sont tous, et là il écoute les gens et après il leur dit: «Eh toi qu'est-ce que tu viens de dire là? T'es sûr que c'est vrai ce que tu viens de dire?» Des choses comme ça.

SANDRA. Oui oui, c'est comme ça qu'il fait, j'adore.

FRANÇOIS. Et bon voilà ils discutent, c'est comme de l'argumentation.

Il revient à Sandra.

2 **épaté, e:** verblüfft. • 5 **la philo** (fam.): *la philosophie.* • 12 **marrant, e** (fam.): lustig. • 20 **une agora** (gr.): Agora, Ort der Begegnung.

FRANÇOIS. Mais c'est vachement bien que tu lises ça, dis donc. Tu arrives à comprendre c'que tu lis?
SANDRA. Ben oui ça va …
FRANÇOIS. Ben c'est bien …

Elle hésite un peu, puis adopte un ton malicieux:

SANDRA. En tout cas, c'est pas un livre de pétasse!
FRANÇOIS. Non, c'est pas un livre de pétasse.

La remarque fait doucement rire les élèves qui commençaient à se lasser de la discussion sur Socrate. Il y a comme une atmosphère de réconciliation dans la classe.

> La veille du tournage, François avait parlé à Esméralda-Sandra du livre qu'elle n'avait évidemment pas lu. Avant de lancer la caméra, nous lui avons demandé d'évoquer Socrate comme si elle le connaissait personnellement, et, dès la première prise, elle nous a restitué une compréhension à la fois juste et lacunaire du livre. Nous en avons éprouvé une très grande émotion, qui doit ressembler à ce que peut ressentir un prof dans de tels instants. Narrant cette scène, le livre n'avait

1 **vachement bien** (fam.): sagenhaft, ganz toll. • 9 **se lasser de qc:** etwas satt haben. • 15 **évoquer qc:** etwas erwähnen, die Rede auf etwas bringen. • 17 **restituer qc:** etwas rekonstruieren, restaurieren; hier: etwas wiedergeben. • 18 **lacunaire:** lückenhaft, unvollkommen (*la lacune:* Lücke). • 21 **narrer qc:** etwas erzählen.

pas calculé la scène comme un clin d'œil tautologique (car le livre offrait assurément une photographie de la République française).

Il se trouve qu'une élève de François est venue un jour lui parler de *La République* et qu'il a gardé cet instant comme un moment de grâce que nous avons voulu retrouver dans le film. Cette allusion à Socrate est pourtant presque trop parfaite pour le film (car le livre et le film reconduisaient un certain schéma maïeutique), et tout en l'écrivant nous avons eu peur qu'elle en soit perçue comme le résumé. C'est la justesse du jeu d'Esméralda-Sandra qui a balayé d'un coup tous nos doutes. Elle n'avait pas lu Platon, nous mentions, mais en quelques minutes elle l'avait *incorporé,* donc cinématographiquement nous ne mentions pas.

La sonnerie retentit. François lève le doigt vers le ciel:

FRANÇOIS. C'est bon, je crois qu'on est libres.

1 **le clin d'œil** (m.): Augenzwinkern; hier: Anspielung. • 1f. **tautologique:** tautologisch, sich wiederholend. • 6 **le moment de grâce:** Gnade; hier: unerwartetes Glück, Glücksmoment. • 10 **le schéma maïeutique** (gr.): mäeutische Methode: Methode des sokratischen Fragens, fragend-entwickelndes Fragen, der Befragte wird durch geeignete Fragestellungen zu eigenen Erkenntnissen gebracht (*la maïeutique:* Geburtshilfe). • 15 **incorporer qn/qc:** sich jdn./eine Sache einverleiben, eins werden mit, verschmelzen mit.

Les élèves sortent précipitamment en criant. Henriette, pour la première fois, ose s'approcher de son professeur.

HENRIETTE. M'sieur?

François est étonné.

FRANÇOIS. Oui Henriette?

La jeune fille est fébrile, au bord des larmes.

HENRIETTE. J'suis perdue.

Tout en parlant, elle écorne son exemplaire du livre d'autoportraits.

FRANÇOIS. Comment ça perdue?
HENRIETTE. J'comprends rien.
FRANÇOIS. Tu comprends rien où?
HENRIETTE. Partout. J'ai rien compris à c'qu'on a fait.
FRANÇOIS. Enfin, tu passes en troisième, ça veut quand même dire que tu as compris quelque chose, non?
HENRIETTE. Non, ça veut rien dire. Ils font passer tout le monde.
FRANÇOIS. S'ils laissent passer c'est qu'ils pensent qu'on peut s'en sortir.
HENRIETTE. Moi, je sais ce que je sais. J'ai rien compris.
FRANÇOIS. En français tu m'donnes pas toujours cette impression.

9 **écorner un livre:** in ein Buch Eselsohren machen.

HENRIETTE. Des fois j'y arrive mais sinon j'comprends rien.

D'un geste qu'elle voudrait discret, elle sèche ses larmes.

FRANÇOIS. Tu sais, c'est pas très grave de pas tout comprendre. Personne comprend tout, tu sais. Même moi des fois j'comprends qu'à moitié c'que j'dis.

Henriette tente de sourire.

FRANÇOIS. Le truc, c'est faire le maximum de c'qu'on peut, et après on voit. Surtout il faut bien t'occuper de ton orientation.

La jeune fille renifle discrètement.

HENRIETTE. Oui, à la rentrée, je prendrai un rendez-vous avec la conseillère.

FRANÇOIS. C'est le plus important. Être sûr de bien choisir ce qu'on veut. De bien choisir c'qu'on veut par rapport à c'qu'on peut. D'accord?

HENRIETTE. Mais si j'veux faire une seconde générale, c'est pas la peine de chercher ou quoi qu'ce soit.

FRANÇOIS. Oui, mais si jamais tu peux pas la faire, il faut prévoir le coup et se renseigner pour une bonne orientation professionnelle.

11 **une orientation:** hier: Wahl eines schulischen Zuges, schulischer Werdegang. • 12 **renifler:** schnüffeln; hier: schniefen. • 14 **le conseiller / la conseillère:** Beratungslehrer(in). • 18 **la seconde générale:** Eingangsklasse des allgemeinbildenden *lycée* (≈ 10. Klasse) (im Gegensatz zum berufsbildenden *lycée*).

HENRIETTE. J'veux pas faire professionnel.
FRANÇOIS. Oui mais c'est au cas où.
HENRIETTE. D'accord, merci m'sieur.

Elle quitte la classe, laissant François seul et un peu triste.

Nous avons considérablement raccourci cette séquence. Du coup, par rapport à ce qui passait pendant la prise, Henriette articule moins ses arguments, François est moins efficace dans ses réponses. Ce qui reste, c'est le trouble de l'un et de l'autre qui culmine dans ce long silence d'Henriette et la phrase qui résume toute son angoisse: «J'veux pas faire professionnel.» Les tentatives de réponse de François semblent vaines. Pour en arriver là, Henriette avait accepté tout au long du tournage de rester très en retrait, absente à ce qui se passait autour d'elle, perdue dans ses pensées. Un rôle peu gratifiant (et qui ne lui ressemble pas!), qu'elle a composé avec pour point de mire cette conclusion terrible.

Dès l'écriture, nous voyions clairement l'importance du choc entre cette séquence et la suivante,

1 **(le) professionnel** (fam.): *le lycée d'enseignement professionnel* (LEP): berufsbildendes *lycée* (≈ Berufsschule in Vollzeit). • 7 **par rapport à:** was … betrifft, hinsichtlich. • 9 **efficace:** wirksam; hier: überzeugend. • 10 **le trouble:** Verwirrung, Befangenheit. • 11 **culminer:** gipfeln (*le point culminant:* Höhepunkt, höchster Punkt). • 16 **en retrait:** zurückgezogen, im Hintergrund. • 18 **gratifiant, e:** dankbar, ergiebig. • 19 **le point de mire:** Ziel(scheibe), Mittelpunkt (*la mire:* Visier; Messlatte).

joyeuse et débridée. La réconciliation qui semble se produire sur le terrain de foot ne peut pas faire oublier la détresse d'Henriette.

60. Cour. Extérieur jour.

Dans la cour, on retrouve les élèves, les profs et des membres de l'administration engagés dans un match de foot. Les adolescents sont parfois hystériques de pouvoir tacler les profs.

En fin de séquence, la voix de François reprend en off la fin du questionnaire de l'Éducation nationale.

FRANÇOIS. Quelles relations établir entre les membres de la communauté éducative, en particulier entre parents et professeurs, et entre professeurs et élèves? Comment améliorer la qualité de vie des élèves à l'école? Comment, en matière d'éducation, définir et répartir les rôles et les responsabilités respectifs de l'État et des collectivités territoriales? Faut-il donner davantage d'autonomie aux établissements et accompagner celle-ci d'une évaluation? Comment l'école doit-elle utiliser au mieux les moyens dont elle dispose? Faut-il redéfinir les métiers de l'école? Comment former, recruter, évaluer les enseignants et mieux organiser leur carrière?

1 **débridé, e:** zügellos, entfesselt. • 17 **la collectivité territoriale:** Gebietskörperschaft.

61. Mali. Extérieur + intérieur jour.

Sur la fin du questionnaire, on peut voir, par le hublot d'un avion, défiler les plaines désertiques du Mali.

Dans une voiture, Souleymane semble un peu perdu. Il regarde le paysage défiler à l'extérieur, rechignant à répondre à la foule de questions que sa famille lui pose.

Plus tard, il fait son entrée dans la cour carrée de la maison familiale; d'autres parents l'accueillent dans une atmosphère de fête. On lui montre sa chambre.

Il s'assied sur son lit, fouille dans son sac à dos, en sort son portable, et machinalement l'allume. Il a du réseau. Il en profite pour composer un numéro.

SOULEYMANE. Allô Bouba.

BOUBACAR. Oh putain, j'y crois pas! T'es où là? T'es là-bas?

SOULEYMANE. Oui, ça fait déjà deux heures qu'j'suis arrivé.

Il regarde sa montre.

SOULEYMANE. Oui c'est ça, deux heures, deux heures pile.

BOUBACAR. Et alors, c'est comment là?

SOULEYMANE. Putain c'est grand ici, j'ai vu de l'avion … Enfin, c'est beaucoup de la campagne.

BOUBACAR. C'est l'bled, quoi. Et tu vas faire quoi là?

2 **le hublot:** Bullauge, Seitenfenster. • 3 **défiler:** vorbeiziehen. • **désertique:** wüstenartig. • 5 f. **rechigner à faire qc:** sich dagegen sträuben etwas zu tun, etwas widerwillig tun. • 13 **le réseau:** Netz.

SOULEYMANE. Ben, je sais pas, je vais travailler avec mon oncle …

BOUBACAR. Et tu vas faire quoi avec ton oncle?

SOULEYMANE. J'sais pas, dans l'bâtiment. De toute façon, le boulot, y'en a ici, c'est tranquille.

BOUBACAR. Ah pi tu sais quoi? Aujourd'hui, avec Carl, on est allés à Aquaboulevard. Tu sais pas ce qui est arrivé à Sandra? Quand elle est arrivée en bas du toboggan, son soutif, il lui remontait jusqu'aux trous de nez … Putain la honte. Même Khoumba elle osait plus lui parler après.

SOULEYMANE. Putain trop bon …

Long silence.

SOULEYMANE. Bon, écoute, super. Je te laisse, parce que ça va m'éclater le forfait. La prochaine fois, j't'envoie des textos.

BOUBACAR. OK, super, ça nous fera plaisir. À plus.

Souleymane raccroche et reste un moment silencieux, assis sur le bord de son lit, les mains entre les jambes.

La sonnerie de l'école retentit alors que l'image passe au noir.

6 **pi** (fam.): *puis.* • 7 **Aquaboulevard:** Name eines Erlebnisbades in Paris. • 9 **le tobbogan:** Rutschbahn, Rutsche. • **le soutif** (fam.): *le soutien-gorge:* Büstenhalter; hier: Bikinioberteil. • 10 **putain la honte** (fam.): etwa: voll peinlich! • 15 **éclater le forfait de qn:** hier etwa: einem zu teuer kommen (*éclater:* platzen; *le forfait:* Pauschaltarif, Flatrate). • 16 **le texto** (fam.): SMS.

Cet épilogue africain a bien été tourné, et même monté. Parce que l'histoire de Souleymane constituait la colonne vertébrale de la fiction, nous voulions la clore. Formellement, il y avait quelque chose de tentant à sortir brusquement des murs, à en être exclu comme le personnage, et à ouvrir l'image sur l'espace infini du Sahara vu depuis l'avion. Être témoin aussi de la solitude de Souleymane contemplant depuis le hublot ce nouveau monde qui allait être le sien. Il y avait une infinie mélancolie dans cette image, qui contrastait formidablement avec la vitalité du match de foot auquel Souleymane ne pouvait pas participer. L'exclusion apparaissait dans toute sa cruauté.

5 **tentant, e:** verlockend, verführerisch (*tenter qn:* jdn. reizen, in Versuchung führen). • 14 **la cruauté:** Grausamkeit (*cruel, le:* grausam).

Dès le premier bout à bout du montage, il nous est apparu que cette séquence gommait d'un coup tous les autres enjeux du film. On oubliait ce qui s'était joué pendant les deux heures dans le groupe, et le film devenait purement et simplement l'histoire de Souleymane. En supprimant ces cinq minutes finales, nous craignions pourtant qu'on oublie le personnage. Une chaise vide au fond de la classe ne suffit certainement pas à dire l'absence. Puis, nous avons décidé de faire confiance au film et à la fiction, pariant sur la force des dernières images de Souleymane (le conseil de discipline et cette ultime traversée de la cour, derrière sa mère). Nous pensions que le souvenir allait s'imposer à tous lors de la distribution du livret d'autoportraits, et les premières réactions que nous avons pu recueillir semblent prouver que nous avons eu raison. Finalement, cette fin ouverte, possiblement vécue comme une frustration par les spectateurs (qu'est donc devenu Souleymane?) ressemble précisément à ce qui se passe lors de l'exclusion d'un élève dont on sait rarement ce qu'il devient une fois qu'il a passé la porte du collège. Il reste une chaise vide, et la vie continue …

Nous avons préféré finir le film sur les images du décor de la classe vide, encore pleine des fan-

2 **gommer:** ausradieren, verschwinden lassen. • 11 **parier sur qc:** auf etwas setzen (*le pari:* Wette; Vorhaben). • 17 **recueillir qc:** etwas sammeln; hier: erhalten.

tômes de ceux qu'on y a vus pendant plus de deux heures. Paysage après la bataille, mais aussi décor en attente. Dans deux mois, l'histoire recommencera.

3 **en attente:** hier: auf Stand-by.

François .... François Bégaudeau

La classe

Nassim .... Nassim Amrabt
Laura .... Laura Baquela
Cherif .... Cherif Bounaïdja Rachedi
Juliette .... Juliette Demaille
Dalla .... Dalla Doucoure
Arthur .... Arthur Fogel
Damien .... Damien Gomes
Louise .... Louise Grinberg
Qifei .... Qifei Huang
Wei .... Wei Huang
Souleymane .... Franck Keïta
Henriette .... Henriette Kasarhuanda
Lucie .... Lucie Landrevie
Agame .... Agame Malembo-Emene
Rabah .... Rabah Naït Oufella
Carl .... Carl Nanor
Sandra .... Esméralda Ouertani
Burak .... Burak Özyilmaz
Eva .... Eva Paradiso
Khoumba .... Rachel Régulier
Angélica .... Angélica Sancio
Samantha .... Samantha Soupirot
Boubacar .... Boubacar Touré
Justine .... Justine Wu

et

Un représentant des élèves ..... Atouma Dioumassy
Un représentant des élèves .... Nitany Gueyes

Les profs

Vincent .... Vincent Caire
Olivier .... Olivier Dupeyron
Patrick .... Patrick Dureuil
Fred .... Frédéric Faujas
Rachel .... Dorothée Guilbot
Cécile .... Cécile Lagarde
Sophie .... Anne Langlois
Yvette .... Yvette Mournetas
Hervé .... Vincent Robert
Anne .... Anne Wallimann-Charpentier
Stéphane .... Stéphane Leyvigne

L'administration et le personnel du collège

La CPE .... Julie Athenol
Le principal .... Jean-Michel Simonet
L'intendant .... Olivier Pasquier
Un surveillant .... Stéphane Longour
Un surveillant .... Abdoul Drahamane Sissoko
La cantinière .... Aline Zimierski
Une femme de ménage .... Silma Aktar
Une femme de ménage .... Marie-Antoinette Sorrente

Les parents

La mère de Souleymane .... Fatoumata Kanté
Le frère de Souleymane .... Cheick Baba Doumbia

17f. **le surveillant / la surveillante:** Aufsicht führende Person in einer Schule. • 19 **la cantinière:** hier: Frau, die in der Schulkantine arbeitet.

Le père de Nassim .... Khalid Amrabt
La mère d'Arthur .... Adeline Fogel
La mère de Wei .... Lingfen Huang
Le père de Wei .... Wenlong Huang
La mère de Burak .... Sezer Özyilmaz

et

Une déléguée des parents ..... Marie-Laure Bulliard
Un délégué des parents .... Robert Demaille
Une déléguée des parents .... Céline Spang

Un film de Laurent Cantet. Écrit par Laurent Cantet, François Bégaudeau et Robin Campillo d'après le roman *Entre les murs* de François Bégaudeau (Éditions Gallimard, Verticales, 2006). Produit par Carole Scotta, Caroline Benjo, Simon Arnal et Barbara Letellier. Une coproduction Haut et Court, France 2 Cinéma.

Crédits non contractuels.

François Bégaudeau

François Bégaudeau est né en 1971. Enseignant en disponibilité, il est collaborateur régulier de diverses revues: *Inculte*, *Cahiers du cinéma*, *Transfuge*, et chroniqueur sur la matinale de Canal +. Il a coécrit l'adaptation cinématographique d'*Entre les murs* avec Laurent Cantet, film dans lequel il tient le rôle principal. Il est l'auteur de quatre romans aux éditions Verticales: *Jouer juste* (2003), *Dans la diagonale* (2005), *Entre les murs* (2006, Prix France Culture-Télérama) et *Fin de l'histoire* (2007); de deux fictions biographiques aux éditions Naïve: *Un démocrate, Mick Jagger 1960-1969* (2005) et du collectif *Une chic fille* (2008); d'un essai aux éditions Gallimard (avec Arno Bertina et Oliver Rohe): *Une année en France* (2007). Il a codirigé l'édition de *Le Sport par les gestes* (Calmann-Lévy, 2007).

Laurent Cantet

Laurent Cantet est né en 1961. Il est l'auteur de deux courts métrages – *Tous à la manif* (1993) et *Jeux de plage* (1995) – et a réalisé cinq longs métrages: *Les Sanguinaires* (1997), *Ressources humaines* (1999),

2f. **un enseignant / une enseignante en disponibilité:** Vertretungslehrer(in), ‚Springer'. • 5 **coécrire qc:** Mitautor von etwas sein. • 20 **le court métrage:** Kurzfilm. • 21 **le long métrage:** Spielfilm, Langfilm (ab ca. 90 Minuten).

L'Emploi du temps (2001), *Vers le Sud* (2005) et *Entre les murs* (2008).

Lauréat de nombreux prix, il a entre autres remporté le César de la Meilleure Première Œuvre pour *Ressources humaines*, le Lion de l'Année de la 58e Mostra de Venise pour *L'Emploi du temps* et la Palme d'Or au Festival de Cannes pour *Entre les murs*.

Robin Campillo

Robin Campillo est né en 1962 au Maroc. Comme monteur de cinéma, il a travaillé sur deux longs métrages de Laurent Cantet: *Les Sanguinaires* (1997, Haut et Court / ARTE) et *Ressources humaines* (1999, Haut et Court / ARTE), ainsi que sur *Qui a tué Bambi?*, long métrage de Gilles Marchand (2003, Haut et Court). Il a réalisé *Le Corps et ses atteintes*, un documentaire pour le musée du Louvre (32', 1996), ainsi que *Les Revenants*, un long métrage de fiction (2004, Haut et Court). Il a coécrit le scénario des trois derniers films de Laurent Cantet et s'est chargé du montage de ces longs métrages: *L'Emploi du temps* (2001, Haut et Court), *Vers le Sud* (2006, Haut et Court) et *Entre les murs* (2008, Haut et Court).

3 **le lauréat / la lauréate:** Laureat(in), Preisträger(in). • 3f. **remporter qc:** etwas gewinnen, erhalten. • 4 **le César:** wichtigster französischer Filmpreis, der alljährlich von den Mitgliedern der französischen Filmakademie *Académie des Arts et Techniques du Cinema* in Paris verliehen wird. • 6 **la Palme d'Or:** bedeutender französischer Filmpreis, der alljährlich bei den Filmfestspielen in Cannes verliehen wird. • 10 **le monteur / la monteuse de cinéma** (cin.): Cutter(in), Schnittmeister(in).

Editorische Notiz

Der französische Text folgt der Ausgabe: *Le scénario du film »Entre les murs«* par François Bégaudeau, Laurent Cantet et Robin Campillo, Paris: Gallimard, 2008. Das Glossar enthält alle Wörter, die nicht im *Thematischen Grund- und Aufbauwortschatz Französisch* von Wolfgang Fischer und Anne-Marie Le Plouhinec (Stuttgart: Klett, 2000) enthalten sind. Dabei wird der Grundwortschatz in der Regel als bekannt vorausgesetzt; Wörter, die zum Aufbauwortschatz zählen, sind bei Bedarf erklärt. Allerdings wurde bei auch im Deutschen verständlichen und geläufigen Begriffen auf eine Erklärung verzichtet. – Zur Sprache des Films vgl. auch die Anmerkungen im Nachwort, S. 242.

Im Glossar verwendete französische Abkürzungen

adj.	adjectif
adv.	adverbe
angl.	anglais, anglicisme
arab.	arabe, arabisme
arg.	argot (Gaunersprache)
cin.	cinéma
f.	féminin
fam.	familier (umgangssprachlich)
fig.	sens figuré (übertragen)
géol.	géologie
gr.	grec
gramm.	grammaire
inf.	infinitif
interj.	interjection (Ausruf)
it.	italien, italianisme
itr.	intransitif
lat.	latin, latinisme
litt.	littéraire (literarisch, gehoben)

loc.	locution (Redewendung)
m.	masculin
milit.	militaire
péj.	péjoratif (abwertend)
pl.	pluriel
pop.	populaire (salopp)
qc	quelque chose
qn	quelqu'un
sing.	singulier
subj.	subjonctif
tech.	technique
vulg.	vulgaire (vulgär, derb)

Nachwort

Schule im französischen Film

Filme, die in schulischem Umfeld spielen oder die Schule selbst zum Thema haben, sind im französischen Kino keine Seltenheit.

An erster Stelle zu nennen wäre Jean Vigos *Zéro de conduite* (1932). Surreal anmutender Slapstick und revolutionäres Ausloten der filmischen Mittel des noch jungen Massenmediums kennzeichnen die amüsante Satire auf hohle, autoritäre Strukturen in der Erziehung. Der Film, der von einer Schülerrevolte in einem französischen Internat erzählt, wurde von der staatlichen Zensur gleich nach seinem Erscheinen 1932 verboten und erst 1945 wieder zur öffentlichen Vorführung freigegeben.

La Guerre des boutons (Yves Robert, 1961) zeigt in wichtigen Teilen den ›Biotop‹ Dorfschule als zentralen Ort kindlicher Entwicklung. Es ist kein Zufall, dass zwei bitterbös verfeindete kleine Protagonisten sich am Ende – soll man es ein vorläufiges Happy-End nennen? – schließlich gemeinsam im großen Schlafsaal eines staatlichen Internats wiederfinden, für den weiteren Weg durch die Instanz *école de la République*.

Gerade die Schulform des Internats, die ja in Frankreich noch bis in die jüngere Vergangenheit einen wesentlich höheren Stellenwert hatte, als dies in Nachbarländern wie Deutschland der Fall war, bildet den Rahmen, in dem wichtige französische Filme der letzten Jahre und Jahrzehnte spielen.

So auch in Louis Malles Meisterwerk *Au revoir les enfants*[1], das mit wenigen Unterbrechungen im geschlossenen Raum eines kirchlichen Internats spielt (katholische Privatschulen

1 *Au revoir, les enfants. Un film de Louis Malle*, hrsg. von Wolfgang Ader, Stuttgart 1993 (Reclams Universal-Bibliothek 9290).

in Frankreich, ein Thema für sich). Ein *entre les murs* besonderer Art: Während der deutschen Besatzung werden jüdische Kinder in einem katholischen Internat untergebracht, um sie dem Zugriff der Nazi-Verfolger zu entziehen. Am Schluss bricht die brutale Außenwelt in die (in Maßen) idyllische, geschlossene und geschützte Schulwelt ein. Bekanntlich hat der Regisseur in diesem Film sehr viele autobiographische Elemente verarbeitet, so dass die Frage nach dem Charakter des Films nicht einfach zu beantworten sein dürfte: Fiktion? Dokumentarspiel nach eigenem Erleben?

Nicolas Philiberts Film *Être et avoir* (2002), die Darstellung einer geradezu idealen, zumindest ideal gesehenen Zwergschule tief in der Provinz, zeigte mit ihrem immensen Publikumserfolg (übrigens auch in Deutschland), wie sehr diese Projektion einer heilen Schulwelt den Sehnsüchten eines schulisch offenbar mehr oder weniger traumatisierten Publikums nach dem verlorenen Paradies der Grundschulzeit entsprochen haben muss. Wer wäre nicht gerne in der kleinen Klasse eines Dorfschulhauses weitab aller Städte, die ja doch die Lebenswelt der überwiegenden Mehrheit der Kinogänger darstellen, von einem liebevoll-energischen, verständnisvollen Lehrer unterrichtet worden, der in jedem Augenblick Orientierung, Bestätigung und Trost bereithält?

Den extremen Gegenpol hierzu bildet wohl die geschlossene Internats-Welt von *Les Choristes* (2004; dt.: *Die Kinder des Monsieur Mathieu*), eine infernalische Gefängniswelt für schwer erziehbare Jugendliche, die von verständnislosen, autoritären Erziehern schikaniert werden, allen voran dem geradezu psychopathischen Schulleiter, einem Ausbund an sadistischer Härte. Diese schwarze Welt erträglicher zu machen, erzieherisch vernünftig und verständnisvoll auch auf schwierige Charaktere zuzugehen, versucht eine Zeitlang mit vollem Einsatz der *surveillant* (Hilfslehrer) Mathieu, ein engagierter Pädagoge. »Mathieu und die Macht der Musik«, möchte man formulieren, wenn nicht die Handlung des Films in eine Katastrophe münden würde.

Laurent Cantet (geboren am 15. Juni 1961), dem der Film *Entre les murs* zu verdanken ist, hat sich als Drehbuchautor, Kameramann und Regisseur schnell einen Namen gemacht.

Nach dem Studium am Pariser Institut des hautes études cinématographiques (IDHEC) gab Cantet 1994 sein Debüt als Regisseur. In dem Kurzfilm *Tous à la manif* (1994) wird auf amüsante und sehr originelle Weise ein *garçon de café* gezeigt, der sich einer geplanten Schülerdemonstration anschließen möchte. Das Werk erhielt noch im selben Jahr den renommierten Jean-Vigo-Preis.

Im Jahre 1997 drehte Cantet seinen ersten Langfilm *Les Sanguinaires* über eine Gruppe von Freunden, die sich vor dem zu erwartenden Medienspektakel zur Jahrtausendwende 2000/01 auf eine kleine Insel vor der korsischen Küste flüchten. Ihren Problemen in der Gegenwart und dem Unbehagen über Vergangenheit und Zukunft können sie indessen nicht entkommen.

Den entscheidenden Durchbruch als Regisseur erreichte Cantet dann einige Jahre später mit seinem zweiten Spielfilm *Ressources humaines* (2003). Der Protagonist des Films arbeitet als Praktikant in der väterlichen Firma, wo er u. a. eine Befragung über die 35-Stunden-Woche durchzuführen hat. Spät, zu spät begreift der BWL-Student, dass seine Arbeit der radikalen Umstrukturierung des Betriebes und damit dem massiven Abbau von Arbeitsplätzen dienen soll. Cantet erhielt noch im selben Jahr für *Ressources humaines* den *César* für das beste Erstlingswerk.

Entre les murs (2008), der fünfte Spielfilm des Regisseurs, wurde sein bisher größter Erfolg, den die Jury der 61. Filmfestspiele von Cannes im Jahre 2008 mit der Goldenen Palme auszeichnete, dem Hauptpreis also. Wenig später wurde der Film als französischer Beitrag für den besten fremdsprachigen (nicht-englischen) Film bei der Oscarverleihung 2009 nominiert. Im selben Jahr folgte die Nominierung für den Europäischen Filmpreis, und ebenfalls 2009 erhielt *Entre les murs* einen *César* für die beste Drehbuchadaption.

Laurent Cantet hatte lange schon die Idee gehabt, einen Spielfilm zu drehen, der den Alltag einer Schule zeigen sollte, jedoch die, wie er sich ausdrückte, »dokumentarische Grundlage« dafür noch nicht gefunden. Dieses langgehegte Projekt mündete schließlich in den Film *Entre les murs*. Er basiert auf dem gleich betitelten, stark autobiographisch geprägten Roman[2] (2006) des bis dato wenig bekannten Autors François Bégaudeau. Der Autor, ein ehemaliger Lehrer, lieferte Cantet mit seinem Buch, das den Alltag einer Schulklasse während eines ganzen Jahres erzählt, die ideale Grundlage für sein Drehbuch.

Als geeigneter Ort des Geschehens wurde nach längerer Suche das Collège Françoise Dolto ausgewählt, eine Schule im 20. Pariser Arrondissement, wo die Szenerie entwickelt und Schüler für die Teilnahme an diesem Projekt gecastet wurden. Im Rahmen eines Workshops, der während eines ganzen Jahres alle Beteiligten behutsam an das Projekt heranführte, wurden insbesondere die Schüler auf die Vorstellungen von Regisseur und Autor eingestimmt, brachten aber, wie der fertige Film deutlich erkennen lässt, auch ein gerüttelt Maß an eigenen Ideen, Bedürfnissen und Fähigkeiten mit ein.[3]

Zu den Schülern der so gebildeten Film-Klasse gesellte sich François Bégaudeau höchstpersönlich, den Laurent Cantet für die Rolle des Lehrers gewinnen konnte. Der Autor des zugrunde liegenden Romans verkörpert als Schauspieler somit in gewissem Maße sich selbst, auf der Grundlage der Situationen und Dialoge, die im Vorfeld, aber auch während der Dreharbeiten für den Film erarbeitet wurden, einen engagierten, durchaus anspruchsvollen Lehrer in schwierigem Umfeld – eine Idealbesetzung.

2 François Bégaudeau, *Entre les murs*, Paris: Gallimard/Verticales, 2006.
3 Vgl. die in den Text des Drehbuchs eingeschobenen Anmerkungen (*encadrés*) des Regisseurs.

Cantet suchte von Anfang an nicht etwa nach einem geeigneten Schauspieler, sondern nach einem erfahrenen Laiendarsteller, einem Lehrer, mit dem er die Rolle besetzen wollte. Dies vor allem deshalb, weil er ein gewisses Gleichgewicht herstellen wollte zwischen den realen Erfahrungen der Schüler-Laienschauspieler und denen des Lehrers. Außerdem war es dem Regisseur wichtig, dass neben aller Vorplanung und Projektarbeit im Vorfeld auch Improvisation eine Grundlage des Films bilden sollte, und diese Möglichkeit wurde von Bégaudeau und den Schülern aufgenommen und ausgiebig genutzt.

Kein Schauspieler ohne den profunden schulischen Hintergrund Bégaudeaus wäre wohl in der Lage gewesen, improvisierte Szenen so genau, so stimmig zu gestalten. Andererseits hatte Bégaudeau schon praktische Erfahrungen mit den Medien Film und Fernsehen, was bei dieser Art des Arbeitens natürlich von Vorteil war. Er hatte selbst in kleineren Filmen mitgewirkt und war schon mehrfach im Fernsehen aufgetreten.

Cantet und Bégaudeau trafen sich während der Drehtage vor Drehbeginn regelmäßig in einem Café in der Nähe des Collège Françoise Dolto und besprachen gemeinsam ihre Strategie, um bestimmte Ziele innerhalb der zu improvisierenden Szenen zu erreichen. Und Bégaudeau stellte dann während der Drehs den Kontakt zu den Schülern her und vermittelte ihnen die zuvor erarbeiteten Zielsetzungen.

Sieben Wochen dauerten die recht aufwändigen Dreharbeiten, fünf davon mit den Schülern, zwei mit den Lehrern und anderen Personen außerhalb des Klassenraums. Während der ersten vier Wochen wurde ausschließlich im Klassenraum selbst gedreht.

Wer als Kinogänger eine dramatische – äußere – Filmhandlung erwartet, wird enttäuscht. Der Film ist indessen reich an innerer Dramatik und durchaus ambivalenter Interaktion und Provokation zwischen dem Lehrer und einigen Schülern. Dem Publikum wird der Alltag einer Klasse vermittelt, welche die meiste Zeit zwischen vier Wänden, in einem einzigen Raum, eben ihrem Klassenraum gezeigt wird, *entre les murs*, *à huis clos* gewissermaßen.

In dieser engen, abgeschotteten Welt werden Reibungsflächen und Probleme überdeutlich, wie mangelnde oder weniger gelungene Integration einiger Schüler, ausgesprochene Ungleichheit unter verschiedenen Gesichtspunkten, soziale und kulturelle Aus- und Abgrenzung, wichtige Phänomene nicht nur der französischen Gesellschaft insgesamt also, die sozusagen am Modell aufgezeigt werden.

Laurent Cantet lag daran, keinesfalls eine Figur in den Mittelpunkt seines Films zu stellen, die modellhaft-vorbildlich sein sollte (wie dies über weite Strecken in dem bereits erwähnten Film *Être et avoir* durchaus der Fall ist). Die Lehrerpersönlichkeit in *Entre les murs* wirkt menschlich-allzumenschlich im besten Sinne, sie nimmt Risiken auf sich, provoziert mehrfach, ja beleidigt in einem Fall geradezu Schülerinnen und Schüler in einer Weise, die bereits auf der Ebene des Films selbst kritisch gesehen wird und zu Konsequenzen führt. Dass Roman wie auch Film gerade in dieser Hinsicht von Leserschaft und Publikum nicht nur positiv gesehen wurden, hängt sicherlich auch damit zusammen.

Dieser Mikrokosmos wurde von mehreren Kameras mit unbestechlicher Genauigkeit und Detailtreue aufgezeichnet. Eine davon ließ Cantet ausschließlich die Schüler verfolgen, eine zweite Kamera zeichnete das Verhalten des Lehrers auf, seine Initiativen, Aktionen und Reaktionen. Die so erzielten Sequenzen waren eine ideale Grundlage für die anschließende Montage zündender Schnitt-Gegenschnitt-Passagen in der Endfassung. Den immer wieder daraus entstehenden Eindruck eines lebendigen verbalen Schlagabtauschs hatte Cantet schon bei den ersten Planungen eingefordert, als er davon sprach, den Unterricht dynamisch wie ein Tennismatch darstellen zu wollen. Eine weitere bewegliche Handkamera filmte deshalb alles nicht Vorhergesehene, alle spontan sich ergebenden Entwicklungen.

Der Zuschauer wird kaum einmal gewahr, dass viele der Sequenzen trotz scheinbarer Improvisation und auf den ersten Blick spontan erscheinender Handlungsabläufe in weiten Teilen das Ergebnis perfekter Vorbereitung und Planung, immer wieder neu ansetzender Rekonstruktion vorangegangener zahlreicher Proben im Rahmen der vorangegangenen Findungs- und Projektphase sind, die ja immerhin ein Jahr in Anspruch genommen hat.

Es ist erstaunlich, wie großartig es der Gruppe von Laienschauspielern gelingt, komplexe Beziehungsgeflechte in Szene zu setzen zwischen den in jeder Hinsicht sehr ungleichen Schülern der Klasse. Sie fordern mit teilweise kaum auszuhaltenden Selbstdarstellungsritualen ihren Lehrer heraus, dessen Anerkennung sie andererseits suchen und der ihnen so vieles an Wissen zu vermitteln versucht, das ihnen noch mangelt.

In der Klasse fallen einzelne Schüler besonders auf, im Positiven wie Negativen, welche die Handlung des Films über weite Strecken immer wieder prägen.

Da wäre an erster Stelle Souleymane zu nennen, ein Schüler afrikanischer Herkunft und im Grunde zutiefst verunsicherter junger Mensch, der vom ersten Moment an auf Konfrontation mit den Lehrern, aber auch seinen Mitschülern setzt. Er wird noch vor Schuljahresende von der Schule verwiesen und von seinen Eltern zur Strafe in sein Heimatland Mali zurückgeschickt.

Selbstbewusst, renitent, aber offen für den Dialog und versöhnlichem Zuspruch ab und an zugänglich ist Khoumba, eine sehr intelligente, wache Schwarzafrikanerin, die sich auch für die gemeinsamen Interessen der Mitschüler einzusetzen vermag.

Chinesischer Herkunft ist Wei; seine Familie lebt erst seit kurzem in Frankreich, entsprechend lückenhaft sind noch seine Kenntnisse der Sprache des Gastlandes. Der unverkennbar strebsame und anpassungswillige Junge wird seinen Weg machen, kein Zweifel. Insofern verkörpert er den Typus des strebsamen, erfolgsorientierten *immigré* aus einem asiatischen Land, ein Stereotyp, das allerdings für eine große Mehrheit chinesischer und vietnamesischer Neubürger in Frankreich weitgehend und nachweislich der Realität entspricht.

Neben der visuellen Filmsprache stellt *Entre les murs* auch ein wichtiges Dokument der französischen Gegenwartssprache dar. Die Dialoge des Films lassen verschiedene Sprachebenen erkennen, insbesondere hinsichtlich der *langue parlée*, des gesprochenen Französisch, und erlauben damit einen Einblick in dessen Vielfalt.

Zunächst ist kurz von der *langue écrite / langue standard* zu sprechen, die im Drehbuch natürlich ebenfalls vertreten ist, so z.B. in den Regieanweisungen und insbesondere den *encadrés*, den kommentierenden Anmerkungen des Regisseurs, was keiner Beispiele oder Erläuterungen bedarf. Doch findet sich diese Sprachebene auch auf der Handlungsebene, z.B. dadurch, dass Dokumente laut gelesen und dadurch im Register der gesprochenen Sprache eingeführt werden: »Comment améliorer la reconnaissance et l'organisation de la voie professionnelle?« (S. 147).

In den mündlichen Äußerungen des Schulleiters ist eine Ebene des Sprechens zu erkennen, die in lexikalischer wie auch syntaktischer Hinsicht kaum spezifische Merkmale der *langue parlée* aufweist und damit der *langue écrite*, der gepflegten, schriftlich fixierten ›Normsprache‹, der *langue standard*, recht nahe kommt: »De toute façon, je ne vous demande pas de trancher tout de suite […] Et surtout je ne voudrais pas que nous passions outre la question essentielle de cette réunion« (S. 88). Diese Sprechweise ist ohne weiteres der herausgehobenen sozialen Stellung, der Lenkungs- und Vorbildfunktion des Schulleiters zuzuordnen und aus ihnen zu erklären.

Ähnliches gilt immer wieder für Äußerungen des Lehrer-Protagonisten François, der sich, wohl ebenfalls im Hinblick auf seine Vorbildfunktion, aber sicherlich auch, um im sprachlichen Bereich seine Autorität klarzustellen und damit eine gewisse Distanz zu schaffen, öfter bemüht, einer Norm des gepflegten mündlichen Stils zu entsprechen: »Que ce soit clair dès le début de l'année […] À raison de vingt-cinq heures par semaine« (S. 15f.); »Sandra, je ne sais pas si tu as remarqué mais il y a des nouveaux cette année. Ça pourrait les intéresser de connaître ton nom« (S. 18).

Ganz anders verhält es sich mit der Sprechweise der Schüler. Vorab lässt sich zusammenfassend sagen, dass die von ihnen benutzte *langue parlée* Strukturen der *langue écrite / langue standard* zum einen vereinfacht, zum anderen in expressiver Absicht aufdoppelt. Von dieser weithin akzeptierten und verwendeten, stilistisch kaum markierten *langue parlée* zu unterscheiden sind ferner stilistisch anders umschriebene Bereiche wie die *langue familière* oder *langue populaire*, die, wie die Bezeichnung schon andeutet, im engeren, vertrauteren Umgang von Sprechern ähnlicher Normerwartung anzutreffen sind. Äußerungen dieser Art werden nicht selten als ›grob‹, ›unfein‹, ›ordinär‹, jedenfalls als von der allgemeinen Norm abweichend empfunden (›das sagt man nicht‹), sofern der Hörer nicht der jeweiligen sprachlichen »in-group« angehört. Dies gilt natürlich insbesondere für *argot* oder *verlan*.

Wir sprechen hier also von der ungezwungenen Umgangssprache, der zwanglosen Alltagssprache gewissermaßen. Diese weicht in vielerlei Hinsicht von der *langue écrite / langue standard*, der Normsprache, ab, die uns zum einen in schriftlicher Form begegnet, in Tageszeitungen, Zeitschriften, in Form von Sachtexten sowie gedruckten literarischen Werken, jedoch durchaus auch mündlich, in Radio und Fernsehen.

Im Unterrichtsgespräch oder der mehr oder weniger erregten Auseinandersetzung mit der Klasse wechselt François ohne weiteres und fließend das Register. Seine mündlichen Äußerungen nähern sich dann in Duktus und Stil der Sprache seiner Schüler an und lassen öfter deutliche Merkmale der *langue parlée / langue familière* erkennen: »Ah bon, parce que moi j'me suis dit, il a pas mis son nom « (S. 19); »Voilà, j'vous le disais. Si une bombe rayait l'Autriche de la carte, personne s'en rendrait compte« (S. 24); »J'arrête pas« (S. 56).

Dasselbe gilt in verstärktem Maße für Äußerungen und

Wortwechsel zwischen Lehrkräften ohne Beisein von Schülern: »T'as l'air fatigué« (S. 30); »J'en ai marre de ces guignols, [...] Ça sait rien du tout et te regarde comme si t'étais une chaise [...] putain j'peux plus les voir« (S. 58).

Es erscheint nicht sinnvoll, in diesem Zusammenhang lexikalische Einheiten aufzulisten, welche den Ebenen der *langue parlée* zuzuordnen sind. Sie werden im Glossar erläutert. Vielmehr sollen in kurzer Form anhand von Beispielen aus den Dialogen des Drehbuchs Merkmale im strukturellen Bereich (hauptsächlich syntaktischer Art) dargestellt werden, welche diese Sprachform kennzeichnen.

Es lassen sich zwei gegenläufige Tendenzen erkennen. Zum einen ist eine Neigung zur Verkürzung deutlich, welche darauf abzielt, Redundanz und als unnötig empfundene Ausführlichkeit zu vermeiden. Die häufigste und durchgängig zu beobachtende Erscheinung ist hierbei die Verkürzung der zweigliedrigen Verneinung durch Wegfall des *ne*: »ils connaissent pas«; »j'sais pas«; »vous vous rappelez plus«; »un qui me connaît pas«; »t'as pas tort«; »t'inquiète pas«.

Systematisch zu beobachten ist ferner häufige Elision, hauptsächlich bei Pronomen, aber auch anderweitig, selbst vor Konsonanten: »j'disais«; »t'as raison«; »moi j'me suis dit«; »tu m'conseilles« und damit einhergehend zuweilen die völlige Verschleifung von Elementen: »t'manière«; »t'façon« (für: *de toute manière*, *de toute façon*); »j'ai pas«; »on sait y'a«; »qu'est-ce qui croit, lui?«; »le vendredi après-m'«; »par'emple«.

Bei unpersönlichen Verben fällt zudem die Ellipse des Subjektpronomens auf: »faut y aller«; »y'a que lui qui sait pas ça«; »y'en a ils disent«; »y'a qu'eux que ça intéresse«.

Weitere Besonderheiten sind bei Fragesätzen zu beobachten, die fast regelmäßig auf schwerfällige *est-ce-que*-Konstruktionen oder gar die *interrogation complexe* verzichten. Häufig wird lediglich die Intonationsfrage verwendet, deren steigende Intonation den Fragecharakter hinreichend markiert: »vous vous rappelez plus c'est quoi notre nom?«; »vous voulez j'parle?«; »c'est vrai ce qu'elles disent, comme quoi vous m'avez cassé et tout?« Falls eine fragende Äußerung besonders akzentuiert werden soll, stehen weitere Mittel zu Gebot, so die direkte Wortstellung mit vor- oder nachgestelltem Fragewort: »pourquoi on perd du temps?«; »comment on peut savoir une expression?«; »j'fais quoi, moi?«; »pourquoi vous voulez savoir?«; »et pourquoi tu mettrais pas?«; »pourquoi toujours les profs ils veulent s'venger?«

Zuweilen wird die Unterscheidung zwischen direkter und indirekter Fragestellung aufgegeben: »par rapport à qu'est-ce qu'il a dit Nassim«; »j'ai appris qu'est-ce que c'est l'art cubiste«.

Generell wird die ›normale‹ Satzstellung öfter modifiziert durch expressive Ausgliederungen, Aufdoppelungen oder Redundanz schaffende Wiederaufnahmen: »moi j'me suis dit«; »j'fais quoi, moi?«; »ils connaissent pas le vôtre de nom«; »quand on sait pas une chose que tout le monde il sait«; »ils ont mis 11,4, elle m'a dit, Sandra«; »pourquoi toujours les profs ils veulent s'venger?«; »t'as vu le ton que tu nous parles, toi?«, »qu'est-ce qui croit, lui?«

Auffällig sind ferner Abweichungen bei Gliedsatzstrukturen, wobei von der ›Norm‹ abweichende Relativpronomina verwendet werden: »quand on est quelque part qu'on devrait pas être«; »t'as vu le ton que tu nous parles, toi?«

Öfter werden auch hypotaktische durch parataktische Konstruktionen ersetzt: »Le professeur disait on doit pas faire de bruit«; »c'est toujours moi je commence«; »comment on peut savoir une expression elle se dit qu'à l'oral«; »y'en a plein ils pensent vous charriez trop«; »y'en a ils disent«; »on a fait des choses on a honte«; »c'est pour ça il joue en Amérique«.

Der Vollständigkeit halber sei noch ein vereinzeltes Element des *verlan* erwähnt, der ursprünglich hermetisch abgeschotteten Jugendsprache der *banlieues*, das sich wiederholt im Dialog findet: *véner* (= *énervé*).

Karl Stoppel

Inhalt